Roger Franchini

Toupeira

A história do assalto ao Banco Central

Planeta

Preparação: Marta de Sá
Revisão: Bel Ribeiro, Gisélia Costa
Capa: Henrique Theo Möller

Dados Internacionais de Catalogação na Publicação (CIP)
(Câmara Brasileira do Livro, SP, Brasil)

Franchini, Roger
Toupeira : a história do assalto ao Banco Central / Roger Franchini. – São Paulo : Editora Planeta do Brasil, 2011.

ISBN 978-85-7665-568-8

1. Crime organizado 2. Investigação criminal 3. Ladrões - Brasil 4. Roubos a bancos - Brasil - História I. Título.

10-12699 CDD-364.1552

Índices para catálogo sistemático:
1. Ladrões de bancos : Crime organizado : Investigação criminal : Criminologia 364.1552

2011

EDITORA PLANETA DO BRASIL
Avenida Francisco Matarazzo, 1500 – 3º andar – conj. 32B
Edifício New York – 05001-100 – São Paulo-SP
vendas@editoraplaneta.com.br
www.editoraplaneta.com.br

Para Olivia, entusiasta de histórias policiais que me reensinou a escrever boletins de ocorrência. Aos meus pais, pela paciência. Aos amigos: Frezza, Rafael, Leonardo e Daniel, com quem dividia risadas depois dos plantões na delegacia.

À blogopol:* Roberto Conde Guerra, Niedson, Alexandre, Danilo, Eduardo, Cathalá e Flávio Lapa. À Silvia Ramos e à Anabela. À Paula e ao Artur da ONG Artigo 19.

Aos companheiros que me honraram em muitos anos de polícia: os investigadores Érick, Ademar, Leandro, Rodrigo, Vinicius, Zezinho, Moacir, Zé Adolfo, Bressane, Edvaldo e Moisés; os delegados: Luis Segantin, José Tanganelli, Kelly, Liliana, Cloves, Radaeli, Alan Bazalha, Manir e Wanir. A escala era grande, por isso peço desculpas se esqueci de alguém. Torço para que todos estejam bem.

* Blogs brasileiros que integram a denominada blogosfera policial. A blogopol foi objeto de estudo da UNESCO. (N. E.)

Meu relato será fiel à realidade ou, em todo caso, à minha lembrança pessoal da realidade, o que é a mesma coisa. Os fatos aconteceram há muito pouco, mas sei que o hábito literário é também o hábito de intercalar traços circunstanciais e de acentuar as ênfases.

JORGE LUIS BORGES, O *livro de areia*

Há no Brasil dois países. Um que é regido pelas leis e a ordem jurídica e outro, ilegal, com regras próprias. Os dois caminham lado a lado. O trabalho realizado neste livro, antes de tudo, trata da ponte entre essas duas realidades. E, ainda que o livro mencione a existência de corrupção em algumas instituições, é fato que, nessas mesmas instituições, há indivíduos que cumprem seu dever honestamente. O trabalho de investigador na polícia civil paulista me pôs em contato com pessoas valorosas, capazes de trocar sua vida pela segurança do cidadão. Portanto, quando falo da policia civil paulista, falo daquele Brasil ilegal que caminha lado a lado com o Brasil legal e não posso deixar de homenagear aquele policial que resiste bravamente em não ceder à tentadora sedução do crime.

O AUTOR

Sexta-feira, 5 de agosto de 2005. 18 horas

Quatro homens sujos de barro confundiam-se em uma massa de indivíduos, cada qual com seu respectivo equipamento de corte apontado para cima, contra o teto do buraco. Apesar de o barulho das máquinas ser duplicado pela reverberação nas paredes, o som não escapava para além dos limites do túnel.

Era preciso ignorar a dor. Não ceder aos limites da resistência. A saliva escorria marrom, tão grossa quanto o sangue dos calos das mãos. Quando tentavam se limpar, a imundície se espalhava com mais intensidade e invadia seus poros. Fumar somente tornou-se possível quando deixaram de se importar com o gosto de terra que invadia a boca junto com a fumaça.

Apenas Marleúdo, ao invés da serra, trazia nas mãos um saco de panos limpos e uma garrafa com água. Sua função era limpar os olhos dos trabalhadores quando a cegueira tornasse impossível identificar o que era pedra ou gente.

As pontas das brasas das bitucas de cigarro jogadas no chão resistiam em não apagar, como se não bastasse o ambiente estar eletricamente iluminado.

No assoalho do cofre, conforme Deusimar havia dito, não haveria problemas com placas de aço ou outro obstáculo que dificultasse o avanço das máquinas. Apenas a frágil pedra, que estava sendo recortada com o disco diamantado da serra *Makita*.

O equipamento era simples, como aqueles comprados em qualquer loja de ferragens. A única diferença do modelo comercial era o sistema de refrigeração com água, incorporado artesanalmente à ferramenta para evitar o desgaste excessivo da lâmina.

Além disso, foi necessário montar uma capa externa de epóxi para impedir que o jato de água atingisse o motor. Desde a noite anterior, seis discos haviam sucumbido à rigidez da rocha. Mesmo sendo caros, tinham o bastante para desmontar um prédio inteiro.

Mas não precisavam de tanto. Apenas desmontar o chão do cofre do Banco Central do Brasil.

Faltavam dez minutos para as sete horas da noite. Os trabalhos puderam ser intensificados porque não havia sensores de vibração dentro do banco. As luzes do túnel foram apagadas e utilizavam lanternas para evitar que, depois de aberto o buraco, um contraste exagerado invadisse o cofre.

O macaco hidráulico, posicionado com firmeza, empurrou a pedra contra seu peso. Houve o estrondo de uma rachadura. Uma linha de luz escapou do interior do banco e invadiu o túnel. Parte da pedra se soltou, espalhando estilhaços pelos corpos.

Apreensivos, os homens aguardaram alguns segundos para ter certeza de que nada sairia errado.

Tatu

Tatuzão!

Até os trinta anos, Moisés não era conhecido por esse apelido. Tinha cabelos ralos e finos, e por isso também já fora chamado de Careca, Cabelo, Cabelinho, Topógrafo, João, Felipe, André... já foi chapeiro de lanchonete, motoboy, foguete de boca de fumo. Já foi pai e filho.

Mas há quatro anos, após fugir da Penitenciária do Carandiru, na capital do Estado de São Paulo, ignorando a vigilância da autoproclamada melhor polícia do país, ganhou a alcunha do animal cavador, que também era como os presos denominavam o buraco cavado na cadeia em direção à liberdade.

Um título que distinguia sua exímia capacidade no subterrâneo. Na ocasião, 105 detentos debandaram em desabalada carreira por um buraco de quinze metros de comprimento. Todos irmãos de fé, de dividir a blindada, a jega e o boi, num trabalho de dois dias.

Para um empreendimento como aquele não bastaria apenas a habilidade individual do ladrão. A grandiosidade da obra exigia muitos braços, e era preciso astúcia para convencê-los dos benefícios da liberdade, já que nem todos a buscavam. Estavam há tantos anos atrás de pedras que se julgavam uma. Para o preso que se acostumou a acordar sem janela para ver o dia, abandonar sua vida rústica não era fácil. Os longos anos vendo paredes e grades de ferro os faziam desprezar as janelas. Era um luxo que nenhuma alma emparedada naquele inferno precisava.

Mas a ajuda não poderia ser indistinta e sem critérios. Cavar qualquer um cava. Até coveiro, que nunca passou por uma faculdade, sabe retirar a terra na medida exata do caixão. E Moisés não tinha qualquer vocação para cemitérios ou faculdade. Era ágil na palavra e manso nas frases, de movimentos tranquilos e gestos precisos; calmo quando necessário; duro quando não conseguia o que desejava.

Com um olhar agudo e a fala política, aos poucos conheceu as pessoas que precisava ali mesmo, na cadeia, onde o lixo residual da sociedade se encontrava. Um engenheiro aqui, um pedreiro ali. Um policial pobre implorando um cachê para ajudar no trabalho e pagar o médico de sua filha doente...

Moisés descobriu que o teodolito – invenção tão antiga quanto a roda –, apesar do nome engraçado, era mais importante do que as mãos que retiravam a terra. Para construí-lo, bastava um transferidor simples, de plástico mesmo, como aqueles que se usam na escola. Um tubo de caneta *Bic*, barbante, prego, e pronto! Depois, era escolher o local onde começar o buraco, e buscar o ponto onde se queria sair. Um trabalho tão perfeito que nem precisaram se apressar durante a fuga. Além de Moisés, somou-se ao trabalho o Véio, o Gordo, o Fê, o Tiganá. E, claro, o Alejandro Camacho.

Este último seria recapturado pouco tempo depois. Suspeito de ser um dos líderes do Primeiro Comando da Capital (PCC), a temida organização criminosa paulista, ele não gozou da bondade da polícia quando foi preso. Não lhe deram a chance de um acerto financeiro em troca de sua liberdade.

Quando descobriram que o suspeito que tinham nas mãos era o irmão do Marcola, chefe máximo do PCC, meteram-no no chiqueirinho da viatura e logo trataram de chamar a imprensa para anunciar a competência da polícia. Mesmo assim, entre Moisés e Alê restou a gratidão recíproca pela possibilidade da fuga. E aos 105 neguinhos sujos de barro que os acompanharam, a promessa de disciplina e dedicação ao PCC.

Dentro do Carandiru, deixaram para trás os nóias, viciados em *crack* que eram problema em qualquer lugar, mesmo na cadeia. Nada discretos, vendiam-se por qualquer pedrinha, sem medo de morrer. Eram uma ameaça quando estavam sob o efeito do veneno. Não sentiam dor, medo, vergonha. Levavam tiros e facadas, caminhavam com fraturas expostas na perna e só tombavam quando o cérebro não tinha mais uma gota de sangue. Quando estavam sóbrios, a única preocupação era conseguir mais uma lasca de felicidade.

Havia também os que, mesmo convidados, não quiseram se juntar ao grupo da escapada. Faltava pouco tempo para terminar de puxar a pena toda. Por isso acharam melhor ficar e sair de cabeça erguida pelo portão da frente, a se arriscarem a tomar um tiro durante a evasão.

Ao contrário de Alejandro, Moisés não aparecia em jornais nem era famoso. Por isso, quando era pego pela Polícia Civil de São Paulo, era fácil garantir o acerto. Se algum tira ou delegado desse a sorte de encontrá-lo, bastava a Moisés lembrar-lhes da falta de vontade do governo em querer aumentar o salário do policial, e que por isso estava disposto a oferecer um rendimento farto e imediato aos bravos homens da lei.

Assim como os criminosos têm família para sustentar e um Partido que cobra mensalidades, também os policiais devem comprar as fraldas dos filhos e, alguns, suas posições nos altos escalões da segurança pública, pagando a quem é de direito. Moisés era ligeiro na negociação de sua liberdade, e nunca faltou com a avença oferecida.

Com o tempo, adquiriu a prática da negociação de sua liberdade, e um discurso pronto para o DEIC:

– O que posso lhe pagar, doutor, é duas vezes mais o que o senhor arrecadou com o roubo da carreta de remédios no mês passado, lá na Rodovia Anhanguera.

Outro para o DENARC:

– O que posso lhe pagar, doutor, é duas vezes aquilo que ganhou vendendo o pó que tomou do nosso irmão.

E o definitivo para o policial de distrito:

– O que posso lhe pagar, doutor, é o dobro da madeira que precisa para pagar ao diretor do DEIC ou do DENARC para ser removido para lá.

Rua 25 de Março, 1071, centro de Fortaleza – CE

Nos últimos dois meses, o novo empreendimento de Moisés ocupou toda sua vida. Aposentadoria certa. Todo o passado de roubos a bancos, carros fortes e fugas tinha lhe fornecido a rede de contatos necessária para superar as expectativas até mesmo do Partido. Se não fosse a confiança pessoal dos líderes, Moisés e os outros nunca conseguiriam o mínimo de apoio ao trabalho que se atreveram a desenvolver.

Era isso que o destacava. Uma ambição que lhe retirou dos lixões e barracos da Zona Leste de São Paulo e lhe conferiu a capacidade de se intrometer no plano de carreira de uma grande organização. Para crescer na firma, seria necessário respeitar os mais velhos, acreditar na política interna da instituição e direcionar seus sonhos para os interesses comuns da empresa.

O sistema é generoso com quem abraça a caminhada com responsabilidade e não corre da luta.

– Cidade do caralho! – Moisés ainda se espantava com Fortaleza. Da janela do avião, um cenário imenso. Praias iluminadas até o último segundo do dia, premiadas com um calor que não incomodava. Diferente daquele calor da cadeia, que fedia a mofo e restos estragados.

Já no asfalto cravejado de casas e prédios rotos, via, em *closes* rápidos, os figurantes que circulavam pelas ruas, mambembes que traziam no rosto uma máscara bronze de sofrimento silencioso.

– Cidade do caralho!

Moisés tinha prometido comer uma gringa assim que a obra terminasse. Branca e ruiva. Como aquelas espalhadas ao longo da areia do litoral, e que vinham ao país só para foder com a taluda miséria brasileira. Literalmente. As nórdicas eram quase transparentes, e as mais animadas nas barracas das putas da Praia do Futuro. Entupidas de caipirinha, era fácil convencê-las de qualquer coisa. As francesas eram discretas e – dizia quem havia provado – aquelas que melhor rebolavam, sem pudores. Italianas tinham os peitos mais lindos, e as espanholas eram as que mais gozavam. Só tinha aversão às americanas, sempre gordas.

No Ceará, ele também era um estrangeiro. Não era raro perceber alguém observar discretamente, de forma clandestina, sua pele branca pintada pelo céu mal-humorado de São Paulo. Isso não o incomodava de imediato, pois pensava ser a consequência de sua boa aparência, das roupas caras e restritas a poucos.

Mas sabia que a tolerância aos olhares desconhecidos era imprudência. Seja por admiração ou curiosidade, permitir ser vigiado dava a possibilidade de ter sua presença notada em terras tão distantes da polícia civil paulista.

A julgar pelo amor que alguns policiais tinham pelo trabalho, Moisés não duvidava que seriam capazes de ultrapassar uma cansativa viagem de três mil quilômetros para tomar algum dinheiro seu. E, caso soubessem o motivo que o tinha mantido em Fortaleza nos últimos meses, a ganância seria tanta que provavelmente não se importariam em viajar todo o trajeto montados em um jumento.

Então, devia evitar a polícia e o *cred-crime* – quando policiais sequestravam o ladrão a fim de retirarem dele o lucro conseguido com o serviço. E esse era o menor dos males. Porque, quando o bandido já se desencantara com a própria vida e sentia-se indiferente ao cárcere, as vítimas da constrição passavam a ser seus parentes próximos, de preferência os mais queridos. Mãe, irmã, filho, esposa... qualquer um servia. A tiragem era implacável, e a liberdade um preço alto demais, até para um ladrão de banco.

O Véio já lhe havia prevenido para que fosse mais reservado nos modos públicos. E não seria exagero dar-lhe ouvidos. Apesar da idade, a energia que aquele senhor dedicava ao novo projeto só era menor que sua experiência. Moisés nunca notou qualquer sinal de cansaço em seu mirrado corpo, mesmo carregando dezenas de sacos cheios de terra sob o forte calor da noite cearense. Achava que, mesmo ele próprio já tendo sofrido nas mãos da polícia, não era nada perto de todos os paus de arara em que o Véio já havia sido pendurado.

A casa da Rua 25 de Março era estreita e próxima ao porto. O local possibilitava um trânsito de veículos pesados através de duas grandes avenidas, fazendo-os circular pelos arredores sem parar.

As paredes trincadas do imóvel tremiam todas as vezes que uma carreta rodava por ali. E isso era bom para o grupo, porque a casa toda chacoalhava com o buraco que escavavam lá dentro. Não fosse a movimentação intensa dos caminhões lá fora, algum vizinho poderia estranhar o barulho de máquinas noturnas. Assim como muitas casas da região, essa também tinha a fachada branca e uma grade alta na frente. Seria uma ótima residência para qualquer família. Portão eletrônico e interfone com câmera.

Ao sul, quase vizinho – a cerca de cem metros de distância – o prédio do Banco Central do Brasil ostentava sua modernidade entre outros decadentes. Moisés gostava de vê-lo por todos os lados, como se buscasse alguma brecha, uma fresta que ainda não havia sido identificada pelo grupo.

Chegou por volta de 17 horas, o céu da tarde tornava-se uma morna paleta alaranjada, amenizando o amarelo do dia. Moisés não quis ir ao apartamento para desfazer as malas. Estava ansioso para ver o rendimento do trabalho durante sua ausência, e foi direto para a casa da empreitada.

Ele pensou que uma semana era tempo demais para ficar longe das obras. Poderia ter perdido o melhor, pois, se os amigos tivessem mantido o mesmo ritmo das escavações, provavelmente não estariam longe do objetivo.

O Alemão foi quem o recebeu na porta:

– E aí, irmão? Como foi a viagem?

– Como sempre: frio do caralho em São Paulo; calor do caralho aqui. Sexta-feira acaba?

– Falta pouco. Mas venha ver uma coisa.

Enquanto o portão basculante se fechava após a entrada dos homens, Alemão comentava a fidelidade do grupo que haviam selecionado para o serviço. Os que assumiriam o trabalho naquela noite eram os mais dedicados. Os da noite passada também tinham mérito, mas trabalhavam apenas pela recompensa, fazendo pouco-caso da dedicação incondicional à firma.

Disse ter descoberto que um deles, o Siri, era usuário de *crack*, dadas as condições físicas que vinha apresentando. E que dois dias antes havia ocorrido um arrastão na Avenida Beira-Mar, coisa típica de viciados inconsequentes. A polícia cearense chegou vinte minutos atrasada e matou lá mesmo, na orla da praia, um garoto de dezesseis anos, conhecido marginal dos milicianos.

– E o que o pivete tem a ver conosco?

– Ele era irmão do Siri. O Siri é um bom rapaz, trabalhador e dedicado. Mas não gosto do jeito como tem se apresentado ao serviço. Tá magro demais. Às vezes conversamos com ele e não responde. Canta quando tem que ficar calado. Isso é coisa de noiado.

– Já conversou com o Véio e o Fê sobre isso? O que disseram? – Moisés perguntou, enxugando o suor da testa com o pano da camiseta. Pretendia entrar logo na casa e beber água gelada, mas percebera que Alemão queria conversar reservadamente. Por dever, tinha que ouvi-lo sem demonstrar desinteresse, apesar de que sua verdadeira vontade era a de entrar no buraco para ver o quanto a obra havia crescido.

– Me autorizaram a resolver isso, mas só depois de ouvir você.

Houve um breve silêncio entre essa frase e a que veio depois, pausada por uma conhecida troca de olhares. O modo como o problema seria solucionado não era segredo. Mas incomodava a Moisés que tal assunto tivesse sido cogitado em sua ausência. No atual momento do debate sobre o futuro do rapaz, era praticamente impossível para ele discordar da autorização do Véio e do Fê. Obviamente, restava-lhe apenas sancionar o já decidido.

– Não deu para esperar sua volta, Tatu – o nordestino abaixou o tom da voz que, de costume, trazia o volume e a melodia dos repentistas do sertão. – Você precisava ver como o Siri tava se comportando nos últimos dias. Ele só trabalha com veneno na mente. E quando passa o efeito da pedra, ele vai no banheiro, se entope de farinha e retoma o serviço. Uma vez nem se preocupou em se esconder para cheirar. Deu uns tiros aqui mesmo, no quintal, enquanto a gente comia. E sempre sorrindo. Esse cara é perigoso. Quando o indiquei ele não tava tão perdido assim. Era um irmão de confiança, dei minha palavra por ele.

– Ele tem família? Conhecidos?

– Tem não. Era só ele e o irmão que a Ronda fritou – Alemão tirou um cigarro do maço de Marlboro que trazia no bolso da camisa e o entregou a Moisés. – Deve ser por isso que se perdeu. Mas não quero ter que arriscar tudo por causa de uma vacilada de viciado. Fui eu quem trouxe ele, e por isso tenho que mandá-lo embora. Se ele fizer alguma merda, quem vai prestar contas ao Partido sou eu. Posso dar um jeito fácil de sumir com ele. Ninguém gosta de craqueiro.

– Não tenho por que me opor, Alemão – Moisés acendeu o cigarro. – Só faça na moita, e não deixe ninguém desconfiar de que ele sumiu. E se desconfiarem, diga que foi a PM que fez o serviço. O que você queria me mostrar?

Ao entrarem na recepção da casa, Moisés foi calorosamente recepcionado pela secretária da firma, que também fazia as vezes de cozinheira para os homens. Geniglei era atraente e cheia de sorrisos. Flertava com os paulistas, mas nenhum deles se atrevia a ir além do respeitoso cumprimento, já que eram cunhados de Partido. Sim. A irmã de sangue do Alemão só podia ser cunhada dos outros irmãos de fé.

– Ô, seu Moisés. Fez boa viagem?

– Fiz sim, Geniglei. E não me esqueci de você – Moisés abriu a mochila que trazia nas costas, tirou um presente e lhe entregou.

– Carolina Herrera! E original. Que delícia, sempre quis esse perfume – a secretária rasgou o papel, abriu o frasco e pincelou um pouco do líquido atrás das orelhas com seus dedos.

– Só não exagere. Ele é muito forte quando tá calor.

– Oxe. Qual a graça de usar um perfume caro desses e ninguém perceber? Uma pena que o Véio e o seu Fê não sejam bonzinhos assim.

Alemão interferiu na alegria da irmã: – Alguém ligou, Geniglei?

– Acredita que ligaram? Um sujeito queria os modelos e os preços do metro quadrado da grama artificial que vendemos. Falei que a empresa tá em fase de implantação, e que ainda não tínhamos o produto para entrega.

A placa pendurada no lado de fora da casa dizia que o local era uma empresa que fabricava gramas artificiais. Sendo empresa, a movimentação diuturna de pessoas e equipamentos não chamaria a atenção. A ideia era evitar se desfazer da terra em lugares públicos. Guardar o máximo possível dentro da casa, esconder entre os cômodos. Chegaram até a construir alguns tablados de madeira nos fundos da casa para servir de pequenos jardins de gramíneas. Seria bastante plausível ter alguma plantação por ali.

– Hoje chegou um pacote para vocês – a secretária disse, entregando uma caixa de papel ao Alemão. Depois que ele a abriu, retirou um relógio azul, de parede, com o logotipo da empresa impresso.

– Pronto. Agora somos profissionais – Alemão brincou com Geniglei. – Isso é para você nunca mais perder o horário de entrada.

– E nem o de saída. A partir de hoje nunca mais perco as aulas – a petulância da secretária causava incômodo a Moisés. Não fosse parente tão próxima de Alemão, não teria motivos para contratá-la.

Alemão, para mostrar à irmã que ela ainda devia respeito à sua autoridade, orientou-a para que evitasse conversas desnecessárias ao telefone, e atentasse às ligações do Cebola, o olheiro do grupo, que ficava na rua como vendedor de caju, vigiando a movimentação em frente à entrada da casa. Todos temiam interceptações telefônicas, por isso evitava-se qualquer conversa desnecessária pelo aparelho.

Além disso, entregou um chip de celular usado e mandou que ela o inutilizasse:

– Tome. Risque isso com faca – era necessário trocar os números dos telefones com bastante frequência e se desfazer dos antigos. Só assim garantiriam que os números usados nunca seriam encontrados. Geniglei pôs o chip sobre sua mesa, prometendo a si mesma que iria destruí-lo quando tivesse tempo. Para ela, o excesso de preocupações do irmão era exagero, e o negócio de *grampo* era coisa de cinema.

Apesar de o grupo mostrar-se publicamente cauteloso, compartilhavam com Geniglei um desprezo pela polícia. Não acreditavam na malícia dos policiais cearenses. Mas, mesmo não tendo problemas com a força pública local até aquele momento, não descartavam a hipótese de receberem visitas indesejadas. A placa lá fora, a secretária e o relógio na parede ajudariam a confundir o verdadeiro objetivo do grupo com a empreitada comercial da firma.

Ainda que não esperassem essa intromissão, era um fator que estava presente no cálculo dos riscos do negócio. Como polícia é polícia em qualquer lugar do mundo, estavam preparados para o eventual acerto. Para todo o resto da cidade, eram apenas uma pequena empresa de grama artificial, com telefone, CNPJ e tudo o mais.

– Vem, Tatu. Quero te mostrar uma coisa lá dentro.

O BURACO

Caso realmente desejassem investir nos negócios da jardinagem de plástico e vender grama artificial, não tinham dúvidas de que seriam prósperos. Mesmo inoperantes, já faziam certo sucesso na praça. Não era raro alguém ligar perguntando sobre os preços dos produtos que fingiam produzir ali.

O telefone da placa em frente à casa era verdadeiro, para permitir que curiosos entrassem em contato com a firma. Como ainda era dia, somente Geniglei e Alemão estavam por ali. Era assim que Moisés gostava da casa; sem os pedreiros, sentia-se mais seguro.

Após beberem água gelada do frigobar na recepção, os dois homens atravessaram a sala da frente e foram ultrapassando os demais cômodos que, apesar de estreitos, eram longos o suficiente para servirem de depósito a sacos de terra. Uma, duas, três portas.

Logo depois, uma parede falsa de gesso indicava que aquele era o suposto final da casa. Após a abertura de uma porta secreta, passaram por outras salas que, aos poucos, iam perdendo a iluminação natural à medida que suas janelas eram obstruídas com papelão. Quase nenhum móvel, apenas o necessário. Poucas cadeiras, um fogareiro a gás, geladeira...

– Viu no jornal o que o Roberto Jefferson fez lá em Brasília? Tem muito ladrão neste país, por isso quero ir embora o quanto antes.

Chegaram ao quintal. No fundo, após um pequeno jardim, uma ampla e segura edícula colada ao muro. Quando entraram no recinto, o ar-condicionado já estava ligado, tornando a permanência no local um pouco menos desumana.

Pendurado na parede, do equipamento de refrigeração saía uma grossa mangueira que percorria a edícula e invadia uma outra salinha do interior, por um buraco na parede. Um grande ventilador acoplado ao aparelho ajudava a empurrar o clima temperado pelo tubo.

Trancaram a porta da edícula ao entrar, medida padrão de segurança que também evitava a fuga do ar gelado. A ordem era que aquela porta sempre estivesse trancada. Um armário de aço no canto guardava ferramentas, cordas e aquilo que houvesse de mais urgente.

Dentro da salinha, uma roldana despejava uma longa corda desde o teto. Via-se, na extensão do pequeno recinto, a mangueira que saía do ar-condicionado fluir para debaixo de um tapume de madeira, acompanhada no trajeto por um emaranhado de fios elétricos que se derramavam de orifícios das paredes. E também muitos baldes sujos de terra, sacos plásticos e bitucas de cigarro.

– Alemão, isso aqui tá uma imundice. Cadê a disciplina?

No chão, ao se retirar o tapume de madeira, revelava-se o motivo de todo o trabalho. A entrada do túnel, devidamente concretada, tinha uma escada feita de barras metálicas fixas que facilitava o acesso ao interior da obra.

Era um quase retângulo irregular, grande o suficiente até mesmo para o Gordo entrar. Mas evitavam sua descida ali. Ele era competente e obstinado, só que seu biotipo impunha restrições ao trabalho subterrâneo. Na época da fuga do Carandiru, ele entupiu o buraco com seu corpo e quase não conseguiu ir embora, não fosse a ajuda dos companheiros.

Agora ele avisava que entraria no buraco somente se necessitassem dele lá embaixo. Para compensar, dedicava-se ao serviço de limpeza, recebia os sacos de terra do lado de fora e encaminhava-os para o local devido. Venceram o mergulho vertical dos dois metros e meio na entrada do buraco. Ao atingirem o chão novamente, com a ajuda da pouca iluminação que vinha do exterior, Moisés ficou visivelmente incomodado ao ver mais bitucas de cigarro no local. Sinal de que as coisas ao longo do percurso estariam piores.

Pensou em repreender Alemão, mas isso seria começar uma disputa de autoridade desnecessária. Enquanto ligava as luzes do túnel, Alemão pareceu concordar com a silenciosa impressão do amigo, sem nem mesmo trocarem uma palavra sobre o assunto:

– Hoje à noite vou pedir para alguém limpar isso aqui. O pessoal de ontem deu um duro danado, e no final do expediente ninguém tinha energia para mais nada.

Percorreram agachados, com as costas arqueadas, dez passos por uma rampa descendente, até onde a curva se estabilizava e o assoalho ficava horizontalmente agradável. Durante a noite, de cinco a sete homens trabalhavam em um silêncio quase monástico, interrompido apenas pelo barulho que saía do tubo de ar-condicionado e pelos ventiladores de teto, indispensáveis para refrescar o ambiente e torná-lo menos insalubre.

As paredes e o chão eram recobertos por placas de madeira, o que diminuía os riscos de desabamento. Ao longo da área já percorrida, quinze escoras suportavam o peso do teto, tudo de acordo com as normas da ABNT.

Com uma trena *laser*, Moisés fez algumas medições e confirmou que o túnel, até aquele instante, já tinha 13 metros de extensão.

– Vamos precisar de mais umas 900 escoras – Alemão mostrava orgulhoso o estado da obra. – Elas estão sendo compradas e cortadas na marcenaria de um compadre. O carro entra na garagem, fechamos o portão e ninguém vê o que descarregamos.

Decidiram que a dimensão segura para o trabalho seria uma altura e largura constantes de 70 centímetros. Nesse ambiente, o Véio, por mais resistente que fosse, teve fortes dores nas mãos e nas costas. Por isso tinha ido para São Paulo por uns dias, a fim de se tratar com um médico de confiança. Quando voltou, quiseram deixá-lo no trabalho de limpeza, do lado de fora, para evitar pioras no tratamento prescrito pelo doutor. Ele não aceitou. Continuou socado no buraco, escavando e calculando o andamento.

A iluminação elétrica no túnel permitia enxergar cada milímetro da obra. A rede estava conjugada com a empresa elétrica da cidade, e eram comuns os apagões momentâneos. Providenciaram um gerador a diesel para evitar as surpresas. Mesmo assim, a cautela os fez deixarem lanternas de segurança no percurso.

– Olha aqui o que te falei.

Saltando esgotos

Todo buraco tem um final. E este que o grupo cavava também tinha encontrado o seu. Quer dizer, todas as noites ele acabava em algum ponto final. Mas não o definitivo. A fatalidade desses inúmeros finais era sempre diminuída pela incessante retirada da terra que fazia o túnel crescer para a frente. Assim, enquanto os homens tirassem a terra pela ferida aberta no chão, a artéria de barro só terminaria quando o grupo achasse que era seu fim.

Ocorre que, na noite anterior, algo inesperado tinha surgido durante os trabalhos. Trombaram com um grande cano de concreto pertencente à rede de esgoto do município.

– É uma manilha – Moisés disse, passando as mãos sobre a superfície rotunda e áspera do objeto feito de concreto. Sua abóbada crescia do chão, preenchendo a metade da altura do lugar. – Achei que a gente tinha conseguido desviar dele.

Antes de começarem a trabalhar, a sondagem da área no trajeto entre a casa e o Banco Central constatou uma rede de tubulação no meio deles. Como estavam nas proximidades da praia, era certo que haveria ramais de escoamento do esgoto para o mar, do tipo que aproveitava a força da gravidade para ali despejar os dejetos dos cidadãos.

Após calcularem um modo de escapar desse incômodo encanamento, concluíram que deveriam cavar em uma profundidade abaixo dos cinco metros.

Não tinham mapas dos sistemas públicos de esgotos, então apostaram no que viam exposto nas ruas, guiando-se através das bocas de lobo.

Essa surpresa que encontraram agora, provavelmente (hipótese cogitada pelo Véio na noite anterior), deveria ser o resultado de uma tentativa da prefeitura de fugir de outro cano, obrigando o poder público a subir o ângulo de queda da rede.

– Quando acharam isso?

– Ontem à noite mesmo, no finalzinho. O Véio disse que precisaríamos subir um pouco o túnel para desviarmos do cano.

Era o tipo de obstáculo imprevisível em qualquer obra desse porte. Uma ocorrência inevitável. A experiência do grupo lhes dava a consciência de que nenhuma empresa do ramo consegue ter 100% de certeza do que se encontra enterrado no chão.

Desde sempre há canos. Quanto mais antigo o lugar, mais vão se tornando esquecidos. Mapas são caros e de difícil arquivamento. Se algum dia foi feito algum tracejado do cano, é bem possível que não existisse mais qualquer registro. Para os profissionais que trabalhavam na área, a confirmação da existência definitiva de uma rede de esgoto acabava sendo um exercício empírico. Só a encontram na ocasião de escavações de novas obras, ou quando há algum vazamento.

– Não podemos subir mais. O terreno é arenoso, e com o trânsito pesado da rua tudo isso pode desabar. Sem falar que, quanto mais perto da superfície, mais as vibrações das escavações poderão chamar a atenção.

Moisés não queria colocar em risco o sucesso dos trabalhos. Tinham ido muito longe para, agora, esquecer a prudência, beneficiando soluções imediatistas. Caso tivessem que aumentar o pé-direito do túnel, estariam vulneráveis ao flagrante. E isso era o menos perigoso, porque a subida também agravaria as chances de desmoronamento. De qualquer forma, a única opção que estava definitivamente proibida era o silêncio diante do obstáculo:

– Se estivermos perto demais da superfície quando nos aproximarmos do banco, poderemos disparar os sensores de vibração do cofre.

– O Deusimar confirmou que não há sensores de vibração no cofre. E ele garantiu que os seguranças do banco não estarão observando as câmeras durante nossa entrada. Então, mesmo que as câmeras estejam ligadas, não farão a menor diferença.

Deusimar era um dos homens do grupo. Tinha sido segurança do Banco Central por muitos anos, conhecia o cofre por dentro e os funcionários do lugar.

Foi nos anos de serviços prestados a uma empresa de segurança privada que conheceu a rotina dos locais restritos do Banco. Viu de perto a fragilidade do sistema de segurança e do caráter das pessoas que dele cuidavam. Depois de demitido, trabalhou em outras empresas do ramo e fazia serviços extras, cobrando dinheiro de quem pedia emprestado a juros e, comentava-se, matando quem não saldava suas dívidas. Nas horas vagas, vendia lanches em frente à sua ex-empresa, servindo os funcionários que entravam e saíam do expediente.

Deusimar e Alemão eram velhos amigos. Nascidos na cidade de Boa Viagem, cresceram juntos e se interessavam pelos mesmos assuntos. Na adolescência, Alemão foi viver em São Paulo e Deusimar na capital cearense. Quando voltou, Alemão já tinha puxado cadeia por ter cometido dois roubos a bancos na Bahia, além de ter sido acusado de outros contra empresas de transportes de valores em São Paulo e Brasília.

Quanto a Deusimar, amigos próximos diziam que tinha matado seu próprio irmão. Sem ele, o interior do Banco Central seria um absoluto mistério, de acesso impossível. Foi ele quem desconfiou da eficácia dos sensores de movimento e vibração do cofre, porque não disparavam quando se carregavam os malotes com as empilhadeiras lá dentro. Apesar de pendurados nas paredes, nunca foram completamente instalados.

Em uma dessas pequenas viagens em que transportava os contendores de dinheiro para o interior do cofre, notou que no local só havia duas câmeras, posicionadas de maneira a deixar vários pontos cegos. Dependendo de como a empilhadeira fosse estacionada no interior do lugar, o campo de visão do equipamento era completamente bloqueado.

E o mais importante: a cada seis meses o Banco Central recolhia notas antigas e danificadas que estavam no comércio para serem substituídas por novas. Nessas ocasiões, o dinheiro era colocado no cofre, aguardando para ser incinerado. Como as cédulas vinham de fora do banco, era impossível controlar o número de série de cada uma, nem mesmo confirmar quantas delas eram verdadeiras. Não havia conferência da autenticidade dos valiosos documentos, por isso era comum dinheiro falso ser contabilizado como legítimo.

Aproveitando essa falha de logística, os homens da segurança, no momento de alguma ronda solitária pelo interior do cofre, abriam os contendores e tomavam para si as cédulas que conseguiam colocar no bolso, substituindo-as por papéis falsos, muitas vezes fotocópias grosseiras dos originais. Foram descobertos uma vez. Ninguém foi preso ou denunciado para a polícia, e o problema foi resolvido *interna corporis*, para evitar que o público descobrisse a fragilidade do banco.

Só por essas informações iniciais, Deusimar recebera duzentos mil reais de Alemão e do Véio, como sinal de garantia. O restante o aguardava no final do buraco.

– O combinado era só cortar o chão do cofre quando os sensores estivessem desligados. Não é para confiar na sorte. Quem fizer diferente disso vai quebrar a confiança, entendeu? – Moisés disse, ainda pensando em como ultrapassar a surpresa do cano de esgoto que impedia o avanço do túnel.

– Ninguém vai quebrar porra nenhuma. A palavra de um homem é lei no Ceará. Em São Paulo pode ser diferente, mas, aqui, se o cabra não cumprir o prometido, come capim pela raiz.

Moisés fingiu não ouvir a reclamação de Alemão. Aquele instante era de observação. Mediu a altura exposta do cano, rabiscou no caderninho trazido no bolso alguns números, digitou outros na calculadora.

Alemão entendeu que não seria aconselhável falar enquanto o amigo estivesse naquele estado que nunca entendeu direito. Tinha coragem para atirar contra a polícia, matar qualquer um... homem, mulher, criança. Mas o diabo sempre foram aquelas contas que Moisés e o Véio faziam. Restava-lhe apenas observar.

– O Véio e o Fê nem tiveram tempo de resolver isso. Estavam cansados e preferiram esperar você chegar.

Alemão sentou no chão e sacou outro cigarro. Depois de algum tempo, o silêncio já o incomodava. Foi salvo por sua irmã, gritando na entrada do túnel:

– Ei! Já tô indo embora!

– Espere a gente, Geniglei. Já estamos saindo – respondeu Alemão.

– Preciso ir, se não perco o horário da Topic. Depois das seis, a próxima é só às oito horas. Aí não consigo chegar a tempo para a aula.

– Vou lá na portaria para deixar minha irmã ir embora – Alemão disse para Moisés. – Não quero ter que discutir com ela de novo sobre aquela merda de história de hora extra.

Moisés não sabia que Geniglei recebia hora extra. Mas não estava preocupado com isso, porque o dinheiro saía do bolso do amigo, e não do Partido. Ignorou também a saída de Alemão. Estava compenetrado em encontrar uma solução para o cano de esgoto. O desvio, além de trazer o risco de eventual desabamento, deveria ser perfeito para evitar rachaduras no cano. Ninguém queria o lugar inundado de bosta. Esse pensamento fez lembrar algo mais importante. Antes de Alemão subir as escadas, Moisés gritou:

– Como vai cuidar do Siri? Não esquece que ele trabalhou muito com a gente – ao mesmo tempo em que se interessava pela dignidade do rapaz, estava preocupado com o modo como o serviço seria feito.

– Pode deixar que minha parte eu faço. Nunca deixei rabo para ninguém arrumar, e não vai ser agora que isso vai acontecer.

Quando a equipe noturna chegou para assumir os trabalhos, abraçaram-se, como era de costume no grupo. Fê perguntou por que o amigo não quis ir para o apartamento que dividiam em Fortaleza logo que chegou de viagem.

– Eu não ganho por hora. Quanto mais terra tirar dessa porra, mais rápido vou embora dessa cidade de merda – depois de rirem, conversaram sobre o problema da rede de esgoto encontrada. Ouvidas as considerações do Véio e do Fê, Moisés sugeriu uma saída, aprovada pelos outros paulistas como a mais eficiente.

Conforme os outros homens chegavam, iam se reunindo em volta dos paulistas para ouvir as novas instruções. A equipe dessa noite não sabia do encontro do cano. Por isso Moisés teve de explicar o problema e a solução.

– Vamos subir mais cinquenta centímetros apenas em cima do cano. Faremos uma rampa para deixar o obstáculo mais suave. Pelo menos assim o teto ficará frágil em apenas um local do túnel, que terá reforço extra com uma chapa de metal de duas polegadas e escoras maiores. Gastamos e arriscamos menos.

SIRI

Sentado no chão, sobre seus calcanhares, Siri ouvia atentamente as explicações dos paulistas. Apesar de não compreendê-los, sabia que se referiam a um enorme cano de esgoto encontrado nas escavações da última noite. Eles pareciam descontentes com a descoberta. Completaram a exposição com a solução que pretendiam, mas Siri nada compreendeu. Desde as poucas ocasiões em que passou por uma escola, entender coisas complexas como aquela eram um tormento para ele.

Sabia que alguém lhe explicaria o trabalho de forma mais prática quando estivesse lá embaixo, com as mãos sujas de barro. O efeito da pedra de *crack* que tinha fumado antes de ir para a casa terminara antes da meia-noite. Foi para o banheiro, acendeu a marica que trouxera no bolso, e queimou outra. Não queria chamar a atenção em suas ausências, e parecia que ninguém tinha notado sua falta.

Não sentia fome. Siri notava que seus modos causavam estranheza nos outros homens, por isso sempre levava consigo um pouco de castanha de caju, que comia ao longo dos trabalhos. Isso não diminuía as gozações do grupo, que passaram a dizer que aquele era o único Siri que gostava de comer caju.

Pouco antes de amanhecer, tinha as unhas pretas e as pontas dos dedos sangravam de tanto cavar e carregar os sacos de terra. Não sentia dor alguma. Conseguia superar a angústia de ter que aguardar seu merecido quinhão prometido no furto com doses de cocaína e *crack*.

Tomou banho antes de colocar a roupa de ir embora. Ao sair, Alemão o aguardava, e lhe pediu uns minutos de conversa em particular. Em uma das salas, foi alertado de que as doses exageradas de entorpecentes poderiam lhe fazer mal à saúde, além de colocar em risco a segurança dos demais companheiros. Siri respondeu que ainda estava abalado com a perda do irmão, mas que esperava superar aquele difícil momento em breve.

Reafirmou sua fidelidade ao grupo, reiterando os votos que fizera quando ingressou nele. Certo de que todos estavam satisfeitos com seus serviços, fez promessa de trabalhar mais e melhor, sem qualquer auxílio de porcarias. Abraçaram-se e beijaram-se, como era de praxe.

Despediu-se, avisando que em seu próximo turno chegaria mais cedo, para compensar os momentos da noite anterior que passara no banheiro. Subiu na *mobilete* e, próximo à Praça do Dragão do Mar, comprou e queimou outra pedra, o suficiente para chegar até sua casa.

Guiava a *mobilete* cambaleando pelas ruas próximas ao barraco. Tinha decidido que só fumaria novamente depois das dez da manhã, para ensinar o corpo a se desacostumar. Ao descer, não conseguiu pôr o veículo no cavalete. Empurrou a *mobilete* até próximo de uma parede, onde pretendia encostá-la. Ela caiu, com o banco arrastando sua perna. O simples fato de olhar para baixo para ver a *mobilete* no chão o deixara tonto, a ponto de ter ânsia de vômito quando o amargo da bílis avolumou em sua garganta.

Sentiu um impacto forte em sua cabeça. Uma paulada, uma pedrada. Qualquer coisa de grande peso. Quando notou que estava caído no chão, passou a língua pela boca e verificou que lhe faltavam alguns dentes. Tinha certeza de que na noite anterior eles estavam ali. Viu pernas à sua volta, sentiu ser levantado por algumas mãos e empurrado para dentro do porta-malas de um carro.

Não sabia para onde estava sendo levado. Só queria dormir para afastar o cansaço e a dor que sabia ser iminentes, mas, sem pedra, sequer cochilaria. Achou ter ouvido o choro de seu irmãozinho do lado de fora do carro. Um choro fino de desespero, o mesmo que tinha ouvido sair da boca do garoto no dia do arrastão aos turistas, quando a Ronda matou seu irmão no calçadão da Avenida Beira-Mar, por ser o único ali que aparentava ser delinquente.

Não estava mais consciente quando os dois projéteis de 40 lhe atingiram a cabeça.

O macaco hidráulico estava posicionado estrategicamente para empurrar o assoalho do cofre para cima, enquanto os dentes da máquina faziam seu serviço. O Véio tinha previsto despedaçá-lo em seis partes diferentes, mas, ao final, foram apenas cinco, graças à habilidade de Pedrinho em aumentar o ângulo de corte conforme a serra penetrava.

Pedrinho mostrara-se o melhor operador do equipamento, por isso decidiram que faria esse trabalho em definitivo. Era um dos homens de confiança de Moisés, e um dos fugitivos da prisão do Carandiru no túnel que construíram juntos, momento em que pôde adquirir a experiência que agora era exigida.

Enquanto Pedrinho empunhava a serra, os outros homens traziam furadeiras elétricas para desenhar linhas de perfurações, que deveria ser a guia do corte da serra *Makita*. O giz marcado no granito indicava onde deveriam começar o trabalho.

Fê rangia os dentes, fazendo um barulho que começava a ser notado pelos outros. Apesar de o ar-concidionado estar ligado dentro do túnel, o três suavam em abundância. Os pés de Moisés, encardidos, revolviam a terra do local até fazer surgir uma saliência em que podia se esconder. O Véio fumava e concentrava toda a atenção na pedra sobre suas cabeças, como se tentasse enxergar através de sua dureza.

Das duas câmeras que esperavam encontrar no interior, uma estaria vedada com a empilhadeira estacionada na sua frente. A outra capturava imagens da porta de entrada, lugar aonde não pretendiam chegar. De todo modo, mesmo que fossem flagrados no cometimento da invasão ou ao longo do crime, não seriam denunciados pelos vigilantes, pois os funcionários estariam fora da sala de observação das câmeras pelo mesmo motivo que, misteriosamente, fariam os sensores se desligarem.

– Eu vou para a Europa. Vou para Portugal. Gosto de Lisboa, e já fiz uns relacionamentos por lá – comentou Moisés.

– Só precisa ficar esperto em não dar bandeira de novo. O sistema foi generoso contigo. Tem sorte de ainda estar vivo. Por sua causa, a Interpol tem um relatório sobre o Partido – respondeu o Véio. – Onde você estava com a cabeça em batizar um grupo de rap em Portugal com o nome de PCC?

– Eu não tive nada a ver com aquilo. Os mulas que estavam naquela festa invadida pela polícia portuguesa eram o pessoal do Silvinho. Eu não conhecia ninguém. Só estava lá por causa dos brasileiros, me divertindo. Sabe o quanto é difícil encontrar uma puta que preste em Portugal? Para dar uma trepada de verdade tem que ir pra Espanha. Quando me disseram que teria uma festa brasileira em uma boate de Lisboa dei graças a Deus. O problema é que os nóias do Silvinho acharam que estavam em algum pagode da Vila Carrão, e começaram a exagerar. Davam salves para mim, gritavam meu nome. Ainda bem que saí antes de a polícia chegar.

– Quanto custa uma puta italiana? – Fê perguntou, olhando para o relógio.

Moisés sorriu com o comentário do rapaz. Descobriu que compartilhavam a mesma admiração pelas mulheres mediterrâneas. Os dois tinham o hábito de contratar bailarinas de programas dominicais da televisão para orgias ocasionais. Certa vez, Fê foi mais longe, e conseguiu comer uma atriz da Rede Globo pelo preço de um apartamento. Isso era raro, porque, além de caras, elas privilegiavam a discrição. Quando as atrizes notavam que o homem era risco à boa imagem pública, o ignoravam.

Não davam acesso com a mesma facilidade das bailarinas. Exigiam que, além do dinheiro, houvesse também um elemento que ladrão de banco não tem: influência pessoal. Fê precisou pagar o triplo do justo para que um deputado interviesse por ele. Feito o negócio, e terminado o prazer, julgou a foda medíocre. Mas, para os amigos, afinal de contas, tinha gozado nos peitos da protagonista da novela das sete.

– Italianas a gente não paga, meu amigo. A gente se casa com elas – Moisés completou. – São as mais corretas do mundo. Odeiam camisinha. Cavalo bom se monta no pelo. O tipo de puta que dá vontade de chupar sem se preocupar com o que aquela buceta já viu.

– Eu chupo puta – completou Fernando, e foi repreendido logo em seguida por uma risada de Moisés:

– Chupar puta brasileira? Tá maluco? Pra quê? Já viu alguma gozar? E quando se paga por hora, isso é perda de tempo. Essas cachorras não sentem tesão nenhum. Ainda tô pra conhecer uma puta brasileira que valha a pena o repeteco.

Dentro do túnel, Marleúdo acompanhava indiferente a conversa dos paulistas. Trazia panos limpos dentro de um saco, que seriam usados para limpar o rosto de quem se sentisse incomodado com a terra. Era sua responsabilidade, também, manter a garrafa de água gelada sempre cheia e disponível a quem estivesse cortando o chão. Tinha feito planos a tarde toda sobre comprar uma rocinha em Mossoró e passar o resto de seus dias entre animais e tubérculos.

Lá fora, no quintal, Edimar abria o segundo maço de cigarros da noite. Ele era mais um dos amigos de Boa Viagem de Alemão, e aguardava as instruções para carregar o veículo. Durante a semana, havia comprado uma casa em um bairro bacana de Fortaleza com muitos quartos, piscina e churrasqueira.

Como o dinheiro que retirariam do cofre não poderia ser guardado de uma só vez em contas bancárias, era preciso escondê-lo antes de encaminhá-lo para o fim planejado. Por isso, Edimar passara os últimos três dias escavando um buraco no quarto dos fundos da nova casa, um destino provisório para as cédulas.

Receberam orientação para não fazer movimentos desnecessários no imóvel, evitando chamar a atenção de quem passasse na rua. Por segurança, Cebola estava no bar da esquina em sua rotina de sentinela.

Gordo organizava os sacos plásticos e tambores serrados ao meio equipados com rodinhas, enfileirando-os em uma ordem lógica ao longo dos fundos da casa e da edícula. Uma Kombi e uma Sprinter estavam estacionadas no lado de dentro da residência, na garagem interior, protegidas da visão de quem passava pela rua. Deusimar não aparentava ter muito para fazer. Acompanhava o trabalho dos demais com os olhos, sempre com um copo d'água nas mãos. Dizia ter a pressão baixa e artrite nas costas, mas que estava disponível a todo trabalho que não envolvesse força.

O Véio apareceu, limpando o rosto sujo de barro, e chamou os presentes para uma última conversa:

– Vamos recapitular o que combinamos para que ninguém vacile.

Gordo, que estava sentado no chão, levantou-se, enquanto Edimar, já de pé, arrumou a postura para centralizar a atenção nas palavras do homem.

– Quem estiver dentro do banco vai passar as notas pelo buraco, e depois as colocaremos nos tambores. Os tambores serão trazidos pelas cordas até chegar na boca de saída, onde o Gordo e o Neném vão puxá-los até em cima com a roldana. Do lado de fora, o França e o Edimar vão colocar as cédulas nos sacos plásticos, lacrá-los e carregar os veículos.

Edimar estranhou a escolha arbitrária da ordem em que os homens estariam. Tinha confiança no trabalho dos paulistas, mas temia ser mal entendido se questionasse qualquer ponto. A coragem apareceu quando o Véio fez uma pausa na fala e perguntou se alguém tinha dúvidas. Para não parecer insolente, Edimar formulou a questão com cuidadosa humildade, sem se esquecer de agradecer ao grupo pela oportunidade. O Véio foi objetivo na resposta:

– Depois que os veículos estiverem cheios, você e o França vão descarregá-los na casa nova, depois voltarão para enchê-los novamente. Ninguém vai abandonar o posto enquanto não tivermos certeza de que o banco está vazio. Há mais de um ano que não incineram essas cédulas velhas, por isso temos certeza de que lá dentro tem, pelo menos, uns noventa milhões de reais.

Quando disse o número, houve apreensão entre os ouvintes. Edimar não sabia o que significava realmente aquele valor, mas a entonação na voz do Véio indicava ser algo muito grande. Deusimar encheu o peito robusto e sorriu com orgulho. Olhou para o grupo com a felicidade de um funcionário que acabara de receber um elogio público pela competência. Suas informações tinham sido, até o momento, sempre exatas, por isso ninguém duvidava do que seria encontrado no cofre.

Ficou tão contente com sua competência que, ao cruzar os braços de satisfação, a barra de sua camiseta subiu, deixando à mostra, por alguns segundos, o cabo da arma que trazia presa na cintura. Deusimar tinha a fama de ser matador de aluguel, o bate-pau. Os que perceberam o descuido do ex-segurança tentaram não demonstrar o desconforto da imagem.

O Véio também fingiu não ter visto a arma, para não ter que repreender o homem no momento em que caminhavam para o encerramento dos trabalhos.

– Todos vamos embora no mesmo instante. Quero todo mundo na casa nova até as quatro da madrugada. Hoje, cada um já receberá uma parte da grana, mas o total ficará na casa. Vamos embarcar para São Paulo para levar a cota do Partido, e voltaremos para buscar o resto na semana que vem.

Edimar ficou satisfeito com a resposta. Estava tão nervoso, que não conseguiu fazer a aritmética para descobrir o quanto ganharia ao final. Sem dúvida seria uma quantidade impensável. Amanhã, depois de acordar, poderia resolver onde e como gastaria sua parte.

– Não me interessa para onde vocês vão ou o que farão com o dinheiro de vocês. O que quero deixar claro é que ninguém consegue se esconder a vida inteira. Todo mundo aqui tem família e gente a quem queremos bem. Se a casa cair, e o pau-de-arara comer para alguém nas mãos da polícia, saibam que quem abrir o bico terá o destino esperado no sistema. Estejam prontos, pois os gambés vão invadir a casa de cada um sem qualquer aviso – os homens ouviam o Véio com respeito espiritual.

– Vão querer tomar sua grana a todo custo. Vão ter que suportar choque no saco, cabo de vassoura no cu e tudo de pior que sei que já passaram com coragem. Todo mundo aqui é homem para aguentar pancada, e se estão do meu lado é porque foram escolhidos entre os mais firmeza. Portanto, nada disso será novidade, e se alguém faltar com a confiança, o Partido não vai ter perdão, estão entendendo? Da mesma forma que prometi minha fidelidade a vocês, eu dei minha palavra para os irmãos de que todos vocês são responsa. E, podem ter certeza, se falo alguma coisa, eu faço o que for preciso para cumprir. Aí não vai ter mãe, filho, amizade... o que tiver que ser feito, será.

No buraco, Alemão, Moisés e Fernando ainda comentavam sobre o destino de cada um. Com o retorno do Véio, que trazia Deusimar, três tambores e a fila de homens ao longo do túnel, todos retomaram o trabalho com as furadeiras.

Cinco furadeiras roteavam as brocas na pedra, só parando quando o interior do cofre era atingido. Em poucos segundos, tinham uma forma regular de pequenos furos. Logo depois, a serra aprofundou seus dentes no traço delineado pelas brocas com a facilidade prevista. Do lado de fora, o barulho começou a ser ouvido, baixinho, pelos homens que estavam no quintal, deixando-os mais apreensivos.

A água que jorrava do sistema de refrigeração improvisado não os deixava enxergar o disco penetrando na rocha, ao mesmo tempo em que lambuzava seus corpos com lama, confundindo--os com o próprio buraco. Nada que os impedisse de continuar com a rapidez combinada. Aqueles que não estavam envolvidos diretamente com a perfuração tratavam de retirar os cascalhos que se amontoavam, enquanto outros se ocupavam de retirar o excesso da água saída da serra.

Os contendores à direita

Em alguns minutos, a abertura no chão do banco estava na dimensão que desejavam. Fê olhou através da escotilha e constatou que tudo se encontrava como esperavam. Deusimar subiu primeiro, seguido por Moisés e o Véio.

Lá dentro, uma luz opaca possibilitava enxergar com a precisão necessária, sem trombadas. A empilhadeira fora deixada no local combinado. Estantes de aço estavam fixadas às paredes, subindo do chão até o teto, com sacos de lona cheios de alguma coisa. Fê contou: cada estante tinha oito prateleiras, com a altura de aproximadamente seis ou sete metros. Ao todo, arriscou um palpite de mil sacos.

Como já conhecia o ambiente, o ex-segurança os guiou, cochichando com uma indisfarçada calma:

– As notas velhas estão nos contendores sem o cadeado. As novas são aquelas ali – apontou para um amontoado de sacos de lona à esquerda. Ao abri-los, encontraram pacotes com cédulas de cinquenta reais envoltos com o selo do Banco Central. – Essas não podem ser levadas.

Mais à frente, outros contendores os aguardavam.

As pernas de Moisés tremiam, mas ele mantinha a postura séria e segura. Olhava em volta e se perguntava como fariam para guardar todos aqueles pacotes marrons. O Véio pegou uma sacola de dinheiro, rasgou o invólucro e conferiu a autenticidade das notas. Pela primeira vez, sorriu com naturalidade. Contou apressadamente os valores e chegou à conclusão de que cada um dos sacos tinha exatamente 100 mil reais.

Mais uma vez, Deusimar estava certo.

Fê, que não se aventurou pelo cofre, já tinha consigo tambores e os posicionara para serem enchidos. Deusimar apareceu abraçado em notas embaladas separadamente em pacotes de mil reais, jogou-as no tambor e alertou o amigo para não deixar os selos do Banco Central no dinheiro.

Temia que alguém, por preguiça ou pressa, não retirasse a fita ao usá-los, permitindo assim que se descobrisse sua origem. Moisés e Véio vieram em seguida, também carregando o máximo de valores que podiam.

– Aqui tem trabalho para uma noite inteira – disse Moisés, sorrindo baixinho para os amigos.

Encheram o primeiro tambor e voltaram para o cofre, para a nova arrecadação. Fê desceu pelo buraco o pequeno contêiner ajudado pelas cordas, com cuidado para que as notas não caíssem. Lá embaixo, foi passado de mão em mão até a saída. Já tinham o hábito na rotina de puxar, adquirido nos dois meses de escavações.

O importante, agora, era manter a disciplina. Não se desviar do combinado e manter o sincronismo dos atos. O Véio pensou em como poderia trazer mais dinheiro nos braços; Moisés, em como estaria se não tivesse fugido do Carandiru; e Fê, em modos indolores de morrer.

Montanhas de dinheiro

No interior do cofre, quando Moisés retornou com mais um lote do dinheiro, Fê já estava preparado com um novo tambor vazio:

– É sério o lance das italianas. Eu quero uma.

Moisés não deu atenção ao comentário do rapaz. Estava mais preocupado com a agilidade do descarregamento das notas dentro do tambor. Quando ia retornar para buscar mais uma braçada, respondeu com serenidade:

– Cala a boca e se preocupe com o trabalho. Com o dinheiro que você conseguir aqui, vai poder comprar a Itália inteira.

O Véio parou de contar o quanto carregara quando chegou aos 30 milhões. Depois disso, não sabia mais o valor que estava levando embora. Deusimar achava que já tinham chegado ao montante de 80 milhões. Moisés, 60, e Fê, uns 90.

À meia-noite, cada carro já tinha feito mais de trinta viagens até a casa nova, local escolhido para o esconderijo. Às quatro horas, antes da última viagem da Kombi e de deixarem definitivamente o Banco, para ter certeza de que continuariam anônimos, despejaram pó químico de extintores de incêndio, tingindo de branco o túnel e a casa. Pensaram que assim não restariam chances de deixar impressões digitais.

No buraco cavado nos fundos da casa nova já não cabia nenhum saco, por isso Edimar teve que acomodar o dinheiro pelos outros quartos. Quando um dos cômodos lotou completamente, temeu não ter mais lugar para guardar os que ainda chegariam. Achava que o buraco seria o bastante para escondê-los, mas errara o cálculo.

Seus braços estavam doloridos a ponto de, próximo do final dos trabalhos, não conseguir mais carregar a mesma quantidade de sacos. Agrupava-os com certa ordem para facilitar o encaixe dos outros que chegavam. Montanhas iam crescendo, obrigando-o a subir nos que estavam mais próximos para acomodar os mais altos.

Em pouco tempo, tinha que abaixar a cabeça para não se chocar com o teto, deixando um espaço necessário ao redor da porta para a boa circulação. Estava atento aos ruídos que vinham da rua, pois temia a chegada de algum curioso. Como havia comprado a casa naquela semana, esperava que os vizinhos acreditassem que a movimentação noturna era devida à mudança dos novos moradores.

Sozinho, permitia-se pensar que queria a retirada do dinheiro para poder curtir o lugar com a tranquilidade que merecia.

O grupo não queria transparecer nervosismo. Estavam felizes, mas apreensivos. Reunidos na cozinha, tinham revisto o plano de fuga várias vezes. Apesar de nitidamente tensos, o Véio tentava acalmá-los. Imundos de lama, bebiam cervejas e conversavam sobre o destino de cada um.

Os três banheiros da casa tinham filas para o chuveiro. Enquanto esperavam a vez do banho, usavam as torneiras espalhadas pelo quintal como um modo precário para se livrarem da terra que lhes impregnava os corpos. Deusimar começou a se preocupar com a limpeza dos homens, porque a lama que descia pelos ralos poderia entupir o encanamento.

– Que dinheiro fedorento! – Marleúdo não precisou levar a cédula até o nariz para sentir o forte cheiro que ela emanava. Se não fosse algo tão valioso, aquele odor não seria suportável. Alguém lembrou do esgoto de fezes a céu aberto, tão conhecido das épocas em que moravam em favelas.

– Dinheiro velho é assim mesmo. Imagine por quantas mãos imundas isso já passou, ou em quantas bundas isso já foi guardado – Deusimar explicou sobre os estragos que a umidade causava nas notas, segurando-as com prazer. Enquanto falava, cheirou um punhado com a familiaridade de amigos íntimos.

– Se você não gosta do dinheiro, ele não gostará de você.

Convencer a polícia

Sabiam que apenas parte do trabalho estava pronto, e que a qualquer momento a polícia poderia bater na porta para reivindicar a parte que lhes cabia. Tinham de ser rápidos.

Apesar de não terem levado armas para a casa da Rua 25 de Março, todos tinham a sua guardada. Somente Deusimar não se importava de mostrá-la, e tinha orgulho de falar que a sua era a mais bem calibrada do grupo.

– Deusimar – Véio chamou discretamente o ex-segurança, aproveitando que não havia ninguém por perto. – Não deixe o berro à mostra. Isso só nos deixa mais tensos. Deusimar concordou discretamente com a recomendação. Tirou a arma que estava na parte da frente da sua cintura e a levou para trás. O coldre de náilon a protegia do suor que escorria das costas.

Ele estufava o peito quando queria mostrar sua resignação em ser comandado. A qualquer um que se aproximava para admirar o dinheiro, disparava frases rápidas permeadas de pequenas risadas de euforia. Antecipava os detalhes de como os funcionários do banco reagiriam ao descobrir o buraco. Sentado em um dos sacos, seu olhar passeava pelo ambiente, parecendo proteger os valores como se fossem seus.

Fê estava na varanda, sentado no piso de cerâmica. O cinzeiro ao lado indicava ter fumado muito mais do que o costume. O teto de laje era baixo e unia-se ao muro, tornando-a uma caixa de concreto. O portão de metal pesado e completamente fechado celebrava o isolamento da privacidade da casa.

Quando notou a aproximação de Moisés, continuou em silêncio. Ambos ficaram ouvindo os poucos ruídos que vinham da rua, como se comungassem o estado de sentinela.

A vigilância acompanhou o som do motor de um carro que surgiu no começo da rua. Aproximou-se da residência e continuou seu passeio até desaparecer na noite.

Comentaram que o dinheiro encontrado era muito mais do que esperavam. A divisão seria justa e por igual.

– E o Partido? – Fê perguntou.

– É nosso parceiro, por isso vai receber igual.

A tranquilidade que o amigo trazia nas decisões deixava Fê seguro para acompanhá-lo em qualquer empreitada. Diferente do Véio, que impunha o que pretendia sem muitas perguntas. Ele tinha a certeza de que Moisés um dia estaria em uma confortável situação de somente comandar, sem ter que precisar se colocar no risco da linha de frente das ações. Ao acender outro cigarro, Moisés o advertiu:

– Precisa parar de fumar tanto. Ou não vai ter fôlego para dar conta da sua italianinha.

Levantaram sem combinar, e, ao entrarem na residência, encontraram Deusimar discursando para os outros homens sobre a vida útil de uma cédula.

Cada saco de dinheiro continha exatos 500 mil reais. A separação foi precisa, para ajudar na distribuição rápida dos honorários. Contaram 227 deles. Sabiam, portanto, o total retirado do cofre.

– Bem mais do que achei que tinha lá dentro – Deusimar os tranquilizou, garantindo, novamente, que o furto só seria descoberto na segunda-feira, no início do expediente. Até lá, tinham tempo suficiente para desaparecer.

– Foram 113 milhões e 500 mil. Avisem o pessoal de São Paulo que o banco dirá que o valor roubado será bem maior, pelo menos o dobro.

O segurança explicou que, quando ocorria o desaparecimento de alguma quantia de dentro do cofre, era hábito da diretoria do banco superfaturar os valores levados. Sua preocupação era que os irmãos acreditassem no valor que a mídia divulgaria, e achassem que o grupo estava escondendo algo. Por isso fez questão de recontar os sacos ali, na frente de todos.

– Fique tranquilo – Véio disse – Todo mundo aqui é ladrão de banco. O Partido confia na nossa palavra.

Moisés não tinha a mesma confiança na garantia da palavra:

– Difícil será convencer a polícia.

O dia acabara de acordar no horizonte, e o calor se antecipava ao sol. A casa não tinha ar-condicionado, e a alta temperatura do inverno de Fortaleza fazia com que a brisa que vinha do sul fosse pouco aproveitada.

Moisés pensou em finalmente descansar. Deitou sobre um colchonete na sala e lembrou-se de uma vila que conhecera na Espanha, próxima a um castelo do qual não se lembrava o nome. Era uma região difícil de se identificar, nem Portugal nem Espanha. Salamanca. Um lugar sem pressa, de gente discreta. Perfeito para se morrer de velhice. Poderia comprar a fazenda de cabras do homem que conhecera em Aldeia do Obispo, pagando o que ele quisesse.

Claro que o aldeão não iria se desfazer de sua terra por pouco dinheiro, por isso a proposta teria de ser irrecusável. Mas, se mesmo assim se negasse a negociar, seria enterrado no pasto que tanto amava. A tranquilidade de Portugal com mulheres espanholas.

Deusimar já tinha ido embora. Carregara consigo dez sacos. Quantidade perfeita para abrir o negócio que tanto queria: depois de tantos anos trabalhando em bancos, agora pretendia ele mesmo emprestar dinheiro a juros. França, Pedrinho e os outros só conseguiram dormir depois de bêbados.

Alemão, apesar de ter passado a noite anterior em claro, mantinha o raciocínio em pleno vigor. Um banho amenizou-lhe as dores do corpo e o deixou pronto para o dia seguinte.

Como previsto no plano, deveria encontrar-se com Zé Charles na porta da Brilhe Car Automóveis, para terminarem o crime. Antes de partir para a loja, Véio recomendou cautela e pediu que fosse armado.

– Não esquenta. Confio no Zé. Ele seria incapaz de me fazer mal.

– Não é por você – Véio não tinha o hábito de fazer piadinhas. Por isso deveria ser ouvido sem dar chance para interpretações irônicas. – É para a minha segurança.

A loja de carros importados tinha acabado de abrir quando Alemão e Zé Charles se encontraram na entrada do estabelecimento. Sorrindo para o amigo, comentou sobre o sucesso do furto. Disse que todos estavam surpresos com a quantidade de dinheiro, e que agora deveriam pôr em prática a fuga, como tinham combinado ao longo dos últimos meses.

Zé Charles trazia no rosto um discreto e constante sorriso, que não se abalou nem no momento em que Alemão lhe disse a quantidade do dinheiro retirado do Banco Central. Não era um homem bem-humorado. Sorria por obrigação. O rosto redondo destacava seu nariz, principalmente quando era visto de frente. Sua pequena altura o tornava especialmente desagradável, caso não mantivesse os lábios na expectativa de uma gargalhada amigável. E isso era importante para quem se dedicava ao comércio, como bem escolheu para sua vida.

Era conhecido de Alemão desde Boa Viagem, embora não tivesse o mesmo histórico de antecedentes. Zé Charles havia comprado uma empresa de transporte de veículos há pouco tempo, com filial em São Paulo.

A compra tinha sido realizada com Elizomarte, o proprietário da revendedora de carros importados Brilhe Car. Uma amizade comercial com a liberdade de realizarem atividades empresariais consideradas arriscadas, como essa que estava prestes a acontecer.

Alemão e Zé Charles entraram na loja e foram calorosamente recebidos por Elizomarte. O local estava sem movimento, como era comum nas manhãs de sábado.

– Só consegui nove carros – adiantou-se Elizomarte para os dois homens que entravam na loja.

Ao longo da semana, Alemão tentara comprar, com a ajuda de Zé Charles, onze caminhonetes de Elizomarte, em dinheiro vivo. O vendedor, no início, considerou que a oferta do homem era loucura. Além disso, não acreditava que teria grana para honrar o prometido, mesmo ostentando boas roupas e dirigindo um carro bacana. Seria, no mínimo, imprudente acreditar que uma pessoa pretendesse comprar onze veículos de luxo de uma única vez.

Somente uma empresa com imenso poder de compra seria capaz de tamanho gasto, o que, aparentemente, não era o caso de Alemão, que se dizia fazendeiro.

Some a isso o fato de não saber nada sobre o homem, e ele falar pouco sobre o destino da compra. Justificou a opção pelo pagamento à vista e em dinheiro para evitar a incidência da CPMF. O comerciante suspeitou que aquele homem não era sinônimo de idoneidade, mas acabaram amigos por conveniência, daqueles que saem para beber apenas para manter o contato profissional.

Durante as negociações, Alemão pediu ajuda para verificar o preço do fretamento de aviões de carga para São Paulo. Elizomarte nunca utilizara tal serviço, mas não se negou em levá-lo para conhecer as agências no aeroporto.

Apesar de tratá-lo com educação, só teve certeza de que a compra seria concretizada após a intervenção do amigo Zé Charles e o adiantamento de duzentos mil reais, fato que o fez escutá-lo como um bom cliente. Haviam lhe prometido um milhão de reais vivos, naquele sábado, em troca dos veículos.

Mas todas as tratativas pareciam ter sido em vão, porque Elizomarte não tinha cumprido sua palavra. Alemão, exaltado, não contava com aquele imprevisto.

– Porra, e o resto dos carros? Eu disse onze, e não nove.

– Fique tranquilo. Os outros dois chegarão na terça-feira.

Caso não fosse uma necessidade tão urgente, Alemão teria fritado Elizomarte ali mesmo, na frente de seus funcionários. Respirou fundo ao lembrar que ele era o único comerciante indicado por Zé Charles.

Zé Charles antecipou-se, prevendo o pior:

– Elizomarte, você não pode prometer uma coisa e não cumprir, meu amigo. Sabe com quem está negociando? Esse pessoal de São Paulo não tem muita paciência. O Alemão tá com o pescoço amarrado com os paulistas. Se a gente não aparecer com os onze carros que você prometeu, vai sobrar pra ti.

Elizomarte sabia que a censura que sofria era justa.

O dono da revendedora, como bom profissional do ramo que nunca abre mão de uma boa venda, fechou o negócio, dizendo que seria possível conseguir a inusitada frota de veículos, mesmo sabendo, desde o início, que não tinha todos os produtos desejados pelos homens.

Logo que começaram os ajustes, arriscou um blefe e disse que o último veículo que faltava para a entrega, um Citroën C3, tinha sido comprado em São Paulo, e que por isso dependeria de uma entrega emergencial da transportadora de Zé Charles.

Acreditou que poderia encontrar os outros veículos contatando seus colegas de ofício e outras lojas da região. Infelizmente, o mercado estava em baixa, e as lojas vazias.

– O Zé Charles disse que você era de confiança.

– Ele é um grande amigo. Mas deve saber que as coisas não são como queremos. Eu não tenho culpa de que o mercado esteja em um momento ruim. Ninguém quer comprar carros, e as lojas estão vazias.

Elizomarte precisou ser firme nas explicações para entenderem que seus serviços de vendedor não eram fruto de pedidos desesperados de pessoas desconhecidas. Afinal de contas, eram parceiros em interesses comuns, em uma relação de igualdade. Sem demonstrar grosseria, queria deixar claro que, se não estivessem satisfeitos, poderiam procurar outro comerciante. Por certo, este argumento deveria ser o último a ser usado de maneira direta. Era óbvio, para Elizomarte, que ele era a única opção daqueles homens.

Enquanto esclarecia aos dois as dificuldades para encontrar tantos veículos daquela categoria em poucos dias, Elizomarte olhou para Alemão e entendeu por que ele carregava esse apelido. Não era só pela candura da pele queimada pelo sol, ou o azul dos olhos. Seu rosto, subitamente, ficou tão vermelho quanto a placa de oferta que estava ao seu lado.

O vendedor pausou suas ponderações quando observou, no lado direito da cintura de Alemão, um volume sob a camiseta. Poderia ser um revólver. A dúvida foi respondida quando Alemão passou as mãos sobre o local e apertou a roupa, segurando firme o cabo de uma arma. Elizomarte temeu o pior. Olhou para Zé Charles, suplicando para que falasse algo que interrompesse as intenções secretas de seu amigo. Ao invés de se dirigir diretamente a Alemão, Zé Charles preferiu censurar o comerciante. Pediu licença ao amigo e chamou Elizomarte para uma conversa particular.

Elizomarte, em silêncio, entendeu que aquela repentina saída seria a melhor maneira para acalmar os ânimos da conversa. Foram para uma sala de vidro nos fundos da loja, onde podia ver Alemão conversando ao celular com gestos duros. Era nítido que censurava sua atitude com alguém. Encararam-se por alguns segundos. Elizomarte não o desafiou, desviando o olhar para atender às palavras de Zé Charles.

– Escute. O pessoal precisa desses carros com urgência. Quais são as opções que temos para o problema?

– Zé, não estou gostando disso. Você me prometeu que seria apenas uma boa venda. Mas esse pessoal de São Paulo me parece perigoso. Deve ter coisa errada nisso – Elizomarte enchia um copo com água gelada no bebedouro colado à parede. Lembrava-se de que todos os negócios que já fizera com Zé Charles foram bastante rentáveis, mas sempre perigosos.

– Por que querem tantos carros com tanta urgência?

– Precisamos levar uns produtos para São Paulo. É muita coisa. Quer realmente saber do que se trata?

Elizomarte não poderia responder àquela pergunta com sinceridade. Apesar de estar curioso para saber o que estava acontecendo, tinha medo de se envolver em alguma coisa arriscada. Tecnicamente, todos os seus atos até ali eram lícitos e justificáveis. Ele tinha carros para vender, e aquelas pessoas queriam comprá-los. Não havia nada de errado em sua conduta. Entretanto, sabia que se desse um passo além, poderia transpor a linha tênue da legalidade.

Não podia deixar de resolver o dilema que lhe era apresentado. Além da fama de bom comerciante, sua vida também estava em jogo, conforme Alemão acabara de deixar claro. Se lhe tivessem explicado a urgência e natureza exata do pedido logo no início, teria se empenhado em dobro para entregar o que queriam. Mesmo que o esforço não fosse o suficiente para conseguir os carros, pelo menos conheceria a periculosidade da situação e teria saído no momento certo. Nunca deixaria chegar ao ponto que chegou.

Até o momento, sabia que a transação não envolvia somente os carros. Eles seriam apenas o modo de transportar alguma coisa para São Paulo. Isso facilitou o raciocínio de Elizomarte, porque entendeu que, para resolver a situação, precisava encontrar uma alternativa segura de atingir o mesmo objetivo. Perguntou o peso do que deveria ser transportado, e se era possível que fossem divididos.

– Levem os nove carros e os meus particulares. De graça. São caminhonetes com placas de São Paulo, como vocês esperavam. É o máximo que consigo fazer agora.

Zé Charles entendeu que a sugestão de Elizomarte era fruto de desespero. A ideia, apesar de coerente, extrapolava os planos do grupo. Não haveria tempo para a transferência da documentação, e caso alguns dos veículos particulares do vendedor fosse rastreados pela polícia, seria fácil chegar a Elizomarte. Mesmo assim, aceitar seus carros de graça resolveria apenas parte do problema. O número ainda seria insuficiente.

Ele não precisava saber toda a verdade. Até aquele instante, sabia somente que os carros transportariam alguma coisa até o sudeste. Mas desconhecia que Zé Charles usaria os caminhões-cegonha da sua transportadora para misturá-los na rotina de levar e trazer carros de luxo para São Paulo.

Elizomarte estava satisfeito com sua parcela de aparente veracidade da história. Não eram necessárias mais explicações, já que era nítida a empolgação de Zé Charles com aquelas misteriosas vendas. Por certo, sua transportadora estaria envolvida com aquilo e receberia um bom dinheiro.

Afinal, há poucos meses o próprio Elizomarte ainda era o dono da mesma transportadora, e era comum receber ofertas milionárias para levar carros suspeitos no trajeto entre São Paulo e Fortaleza. Nunca lhe interessou saber a origem dos veículos. Se a documentação estava correta e o preço pago, bastava carregar o caminhão e seguir viagem.

– Você vai nos dar dois carros? De graça?

– Podem levar. São praticamente zero quilômetro, e não têm placas do Ceará. O dinheiro que vocês vão me pagar pelos carros é o suficiente pra manter essa loja por muitos anos. Eu prometi, e não vou faltar com a palavra.

Não era exatamente o pretendido, e isso não resolveria o problema por completo.

Alemão demonstrava impaciência. Na porta da loja, fumava o quarto Marlboro quando o amigo Zé Charles veio lhe dizer que todos os onze carros estavam garantidos. Ainda com o cigarro na boca, preferiu não contrapor nenhuma crítica. Pediu que aguardassem ali e afastou-se dos dois homens. Ao longe, os comerciantes notaram que Alemão, pelo celular, discutia com um interlocutor. Apesar dos gestos brutos que lhe eram próprios mesmo nos momentos de calma, era fácil notar quando estava nervoso.

Quando retornou, seu rosto estava mais vermelho do que o normal. Uma veia cruzava sua fronte, pulsando no ritmo de seu coração. Avisou aos homens que o dinheiro do pagamento estava chegando, e por isso deveriam fechar o estabelecimento. Seria perigoso contar os valores em um lugar que permitia a entrada e saída de pessoas de forma irrestrita. Depois, ressaltou que a responsabilidade por qualquer erro no transporte dos veículos seria de Zé e do comerciante.

Elizomarte sentiu-se aliviado com o desfecho da negociação. Queria que a situação terminasse logo e que os compradores desaparecessem da sua vista. Antes de qualquer comentário, concordou que seria melhor se o dinheiro fosse contado em outro lugar mais seguro do que a loja. Sugeriu um apartamento seu que estava vazio, logo na rua de trás. Lá ninguém os incomodaria.

Para fortalecer a confiança, salientou que, de sua parte, não achava necessário fazer a contagem, porque estava seguro do que lhe ofereciam. Alemão respondeu que a contagem não era para evitar que a loja fosse enganada com um pagamento a menor, mas sim para garantir que nada seria entregue além do que fora ajustado.

– Vamos levar seus carros, como sugeriu. Mas eles serão pagos. Não viemos aqui para receber esmola de ninguém.

Logo depois, Fê chegou ao lugar combinado com dois sacos de náilon branco escondidos em um Fiat. No primeiro contaram 500 mil reais, como haviam previsto. No segundo, 480 mil (800 reais além do preço combinado, prontamente devolvidos ao Alemão).

Antes do almoço, Véio, Moisés, Edimar, França, Pedrinho, Marleúdo e o Gordo chegaram à loja para ajudar a levar os carros embora. Não todos juntos, em fila, o que seria óbvio. O destino era a tapeçaria do Neném, no bairro do Mandubim, outro colega de Boa Viagem.

Até o começo daquela noite, os onze carros foram recheados com 22 milhões em seus estofamentos e lataria. Era pouco. Ainda restava mais da metade dos valores escondidos na casa. Alguns dos paulistas fariam a primeira viagem para São Paulo em oito veículos, dirigindo pela estrada. Outros três iriam ser transportados no caminhão-cegonha. Mais tarde, os paulistas regressariam para buscar o numerário que não conseguiram carregar na primeira viagem.

Eram os carros mais caros de Fortaleza.

Acabamento luxoso

Bancos, carpetes, assoalhos e teto, nenhum espaço foi ignorado. Os primeiros trabalhos foram perfeitos, camuflando com perfeição o valioso conteúdo. Nenhuma *blitz* policial conseguiria encontrá-lo sem destruir o rico acabamento de couro e madeira nobre.

Entretanto, os últimos três carros não tiveram o mesmo sucesso. Dado o cansaço ou a ansiedade para terminar logo, não se importaram que a qualidade do serviço fosse inferior. Justificaram a falta de cuidado no acabamento com o fato de que estes seriam transportados na carroceria de um caminhão cegonha que não levantaria suspeitas. Portanto, seriam pequenas as chances de terem o interior observado por curiosos.

O grupo, incentivado por Zé Charles, foi convencido de que o transporte dos veículos nos caminhões era seguro, e que raramente os policiais os interceptavam nas operações rotineiras. Quando isso ocorria, a averiguação era superficial, apenas na conferência dos documentos. Era muito trabalhoso para a tropa descarregar um carro para revistá-lo minuciosamente.

Véio, rigoroso como sempre, não gostou do desleixo na camuflagem dos veículos, mas foi vencido pela opinião da maioria. Fazendo valer sua autoridade, impôs algumas condições: Zé Charles acompanharia o caminhão durante a viagem para assegurar-se de que ele chegaria ao seu destino.

Moisés mantivera-se calado, mas também reprovou a falta de zelo do tapeceiro autorizada publicamente por Zé. Preferiu recolher-se ao seu silêncio, pois sabia que, estando Véio presente, bastariam suas palavras para se estabelecer a censura. Além disso, o desafio imposto ao Zé era suficiente para puni-lo pelo desvio do plano original.

A viagem não estava nos planos de Zé Charles. Não queria se envolver pessoalmente com o transporte. Mas, como já havia confiado a segurança do percurso com sua palavra, tentar persuadir Véio seria uma tola batalha de poderes, além de demonstrar fraqueza perante o grupo.

Caso desejasse combater a ordem, o que seria uma leviandade, poderia argumentar dizendo que a coragem dos paulistas era relativa, já que Fê, França, Moisés e Véio iriam embora de Fortaleza de avião, delegando aos comparsas o arriscado transporte do dinheiro pela estrada em uma viagem que demoraria, no mínimo, dois dias, tornando-os um alvo fácil para a polícia.

– Firmeza – era a única coisa que Zé poderia responder.

Da italiana e o dragão do mar

Às 20 horas daquele sábado de inverno equatorial, o número de homens na casa parecia muito maior em virtude dos escassos espaços livres que restaram. Os gordos sacos de ráfia ocupavam todos os quartos, corredores e parte da sala.

Os que tiveram a chance de descansar deitaram-se sobre o desconfortável volume das irregulares montanhas brancas que se espalhavam pelo lugar. França montou uma cama com alguns sacos, acomodou o corpo e fechou os olhos. Edimar o chamou de "Tio Patinhas", e sugeriu que enchesse a piscina com as cédulas para se refrescar melhor.

Marleúdo conseguiu cochilar sentado, encostando-se na parede no pequeno espaço do corredor de acesso ao banheiro.

Gordo, mesmo visivelmente incomodado com o calor – agravado em virtude do corpo farto de gordura e pele – tinha uma aptidão que causava inveja aos demais: dormia em qualquer lugar, em qualquer posição que estivesse.

Alguns diziam, em tom jocoso, que na ocasião da grande fuga do Carandiru, o Gordo, ao se ver entalado no buraco e exaurido de toda a esperança de conseguir sair, dormiu com a mesma paz de um bebê. Apesar de não terem certeza do fato, a comparação com o recém-nascido era bastante plausível, porque sabiam que Gordo chorava quando se encontrava em perigo. E como ele nunca negou a história, a dúvida sempre prevaleceu.

As gotas de suor percorriam as costas do Gordo e se encontravam na profundidade das suas dobras de pele, precipitando em salgadas poças sobre os sacos.

Edimar não conseguiu repousar como queria, mesmo deitando nos poucos espaços livres que restavam. O calor, o desconforto, a tensão... inúmeros fatores justificavam seu fracasso em descansar, que só piorava ao ver a tranquilidade do sono do Gordo. Comentou com Moisés como era possível um ladrão dormir com tanta calma. Além disso, ele não poderia ficar ali tanto tempo. Seu suor infiltrava-se nos sacos e estragaria as cédulas ou, no mínimo, iria torná-las repugnantes para quem as recebesse na divisão definitiva.

Moisés também estava cansado, mas não o suficiente para deixar comentários como aqueles ganharem força. Salientou que aquele saco fazia parte do quinhão destinado ao Gordo, por isso não haveria problemas se o estragasse.

Era preciso manter cautela dobrada acerca do ânimo dos homens, principalmente daqueles propícios ao desespero. Uma palavra mal pensada seria o bastante para deflagrar uma discussão perigosa entre eles, que somente seria interrompida com uma intervenção violenta de poder e autoridade.

Véio atravessou a conversa, dizendo que queria tomar uma cerveja para relaxar. Lembraram que as barracas da Praia do Futuro não seriam uma boa escolha, pois, aos sábados, ficavam sempre cheias e animadas, tornando difícil controlar a vontade de beber e sair com alguma puta. Fê, com o cabelo molhado do banho, concordou que a praia deveria ser evitada, e sugeriu o Dragão do Mar, região turística próxima ao porto com bares discretos.

Lá poderiam comer, beber e voltar para casa antes da meia-noite, o que não colocaria o voo do dia seguinte em jogo. Já conheciam o lugar, por isso o consenso foi atingido com facilidade. Menos o Gordo, que preferiu não levantar, e se dispôs a ficar vigiando a casa. Marleúdo também optou por ficar e continuar a sonhar com o sítio que tanto desejara comprar em Mossoró. Tudo acertado, chamaram Alemão.

Fê gostou. Depois de algumas idas solitárias ao lugar, descobriu que um grupo de italianos o frequentava assiduamente aos sábados. Dentre eles, uma italiana especial. Longos cabelos castanhos emolduravam seu rosto fino e acompanhavam a simetria do corpo magro. Ele conhecia diamantes, por isso, quando ela sorria, lembrava-se das raras pedras ao ver seus olhos azuis brilharem. E peitos imensos expostos em decotes generosos. Tentava de sua mesa, ao longe, confirmar se ela estava acompanhada. Não identificou vínculos amorosos entre eles, mas apenas um grupo de amigos que, por qualquer motivo, estavam por ali.

A noite quente de Fortaleza enchia as ruas da cidade com pessoas que caminhavam a passos incertos, como se não tivessem destino. Ao chegarem ao Dragão do Mar, foram obrigados a estacionar longe, por falta de vagas. O lugar já fora o mais pobre da cidade, mas agora a miséria havia sido expulsa para a região periférica, deixando aquela pequena circunferência geográfica dos bares livre das pessoas que tanto incomodavam os turistas.

Em um lugar proibido ao trânsito de veículos, as cadeiras de todos os bares se misturavam nas calçadas, embaixo de uma passarela que unia o prédio do Centro Cultural a um museu. Estruturas de ferro e vidro passavam sobre as cabeças dos frequentadores montadas de forma rústica.

Havia traços de história no lugar. O calçamento e as paredes de tijolos queimados eram lembranças de que ali já tinha existido galpões e cortiços onde, em um instante perdido da memória urbana, moraram cearenses. Em frente ao museu, um campo de futebol escuro, reduto de viciados.

– Nóia tem em todo lugar – Véio pensou.

Moisés sentiu o cheiro da carne assada antes de se sentarem à mesa. Por algum motivo desconhecido, Fortaleza tinha a melhor picanha que já tinha comido. Conhecera churrascarias caras de São Paulo e do Rio, mas nenhuma oferecia o mesmo sabor que encontrava ali. Melhor ainda: os restaurantes vendiam a carne assada por quilo, o que possibilitava pagar um preço justo pelo prazer da gula. Odiava a fortuna deixada no rodízio do *Porcão*, pois nunca conseguia comer tudo o que era oferecido no cardápio.

Fê olhou ao redor e logo encontrou a mesa dos italianos. A moça também estava lá, orgulhosa de sua juventude que se destacava em um florido vestido curto. Sentaram-se a uma mesa próxima o suficiente para que ele pudesse observá-la em detalhes.

Moisés estava preocupado com a demora da carne que havia pedido ao garçom, quando percebeu que Fê estava distraído com a mulher na mesa ao lado. Com o ouvido treinado em línguas latinas, percebeu que era italiana ao ouvir seu idioma inconfundível. Em dado momento, a moça levantou-se e caminhou em direção ao interior do bar.

– Vai lá, Fê. Porta de banheiro é o melhor lugar para conhecer mulheres.

O amigo riu do inusitado apoio de Moisés. Havia pensado em abordá-la naquela noite, já que seria a última vez que estaria na cidade. Evidente que não poderia ir além de uma conversa, porque à meia-noite deveria estar em casa. Uma conversa torta, em uma língua confusa. Se ele não falava italiano, com certeza ela arriscaria algumas palavras em português. Levantou-se, seguro de que ninguém, além de Moisés, tinha percebido suas intenções.

Conseguiu ver o vestido da italiana revoar em suas coxas grossas quando ela se virou rapidamente e entrou no banheiro, daqueles com entrada coletiva, em que homens e mulheres se encontravam no lavatório. Abriu a torneira da pia e ficou aguardando o retorno da italiana de um dos boxes privados, fingindo lavar as mãos. Ela não demorou muito para sair, sorriu para Fê e também começou a cerimônia de lavar as mãos no jato de água.

Como prêmio, pode vê-la passear delicadamente a ponta de seus dedos molhados entre o nariz e as bochechas de porcelana. Curvada sobre a pia, seus peitos pareciam querer saltar para a cuia, brancos como a louça. Havia um pó qualquer espalhado entre o pescoço e os seios que padronizava a cor de sua pele, deixando-a mais densa.

Para um ladrão de banco, era fácil ter coragem de atirar em qualquer um, até enfiar uma faca na barriga de um desafeto, se necessário. No entanto, Fê só conseguia forças para observá-la, e pelo reflexo do espelho. Sentir-se imobilizado não era agradável. Por isso foi até o porta-toalhas de papel, retirou algumas folhas e passou a enxugar-se. Olhando-a por trás notou, sob o vestido, a marca da pequena calcinha traçando uma linha que começava pouco abaixo de sua cintura, percorria a circularidade de seu corpo e se escondia no mistério de sua bunda.

– Com licença.

Fê espantou-se com o português sem sotaque que ela usava. Sinal de que não precisaria se preocupar em não entendê-la. Mesmo convicto de que o problema do idioma estava superado, não conseguiu dizer nada que valesse um começo de conversa. Talvez porque não quisesse conversar, mas agarrar seu traseiro e lambê-lo profundamente por toda a noite. Passear sua língua na textura macia daquela pele mediterrânea.

Fê pensou que não deveria deixá-la ir sem, ao menos, perguntar seu nome. Havia o receio de que, se voltasse para a mesa sem trocar uma palavra com a mulher, Moisés reprovasse sua conduta com hostilidades infantis. Era preciso ser rápido para abordá-la antes que saísse do interior do bar. Como não tinha certeza se algum dos rapazes que a acompanhavam na mesa era seu namorado ou coisa que o valha, a prudência obrigava uma conversa discreta e longe dos olhos de eventuais rivais.

Não foi rápido o suficiente para alcançá-la antes que saísse pela porta da frente. Apesar da pouca iluminação do lugar, pôde vê-la caminhando em direção à rua. Chamou-lhe a atenção o fato de que a mulher, ao contrário do que esperava, não se dirigiu para a mesa de seus patrícios. Rumou para o sentido oposto com passos decididos, o lado escuro da rua, longe da proteção da civilização.

Não havia lugares para ela ir porque, fora dos limites do Dragão do Mar, a região apresentava-se perigosa para uma mulher branca e de corpo atraente. Curioso em descobrir o destino da mulher, Fê a acompanhou na caminhada.

Caso ela estivesse apenas se dirigindo ao seu carro, seria uma oportunidade única de conversa.

A italiana avançava entre os carros com a naturalidade de uma camponesa entre trigos. Com a graça de uma borboleta planando entre flores, atravessou a rua e entrou no campo de futebol escuro. Fê, com cuidado para não se fazer notar, parou nas sombras do passeio público e a observou de uma distância segura.

Viu o instante em que ela se dirigiu a um pequeno grupo, pegou algo e cheirou. Não era preciso maldade para saber que a moça procurava diversão em substâncias químicas.

– Quem diria...

Embora ela não parecesse confortável ao conversar com as pessoas que lá estavam, admirou a mulher pela coragem de enfrentar uma boca de fumo. Não era para casar, ao contrário do que Moisés dissera. Mas uma mulher que busca seu próprio veneno com os traficantes merecia respeito. Além disso, sentia-se mais à vontade para começar uma conversa, pois agora sabia que tinham algo em comum.

Fê costumava cheirar nos momentos que antecediam algum roubo, e depois também, para comemorar o lucro.

Desde que chegara a Fortaleza seu corpo estava limpo da cocaína. Era uma condição do grupo. Mas pretendia, quando tudo terminasse e estivesse longe com sua parte do dinheiro, celebrar o sucesso com algumas putas no *Love Story*. O lugar era bacana, só precisava tomar cuidado com os policiais, frequentadores assíduos do lugar, sempre entupidos de farinha. Quem sabe não convencia a italiana a acompanhá-lo?

Antes que pudesse decidir se iria até o campo onde estava a moça, ouviu Alemão chamando. Assustou-se com a chegada súbita do amigo, e não conseguiu pensar em uma desculpa que justificasse sua presença naquele lugar.

Sem esperar respostas objetivas, e ainda com a chave do carro na mão por tê-lo acabado de estacionar, Alemão perguntou sobre os outros e maldisse o incidente dos carros de Elizomarte. Quando notou que Fê estava perdido em suas respostas, deu-se conta da obviedade: o que ele estaria fazendo ali, sozinho, olhando para a boca de fumo?

– Vi aquela italiana vindo para cá e achei que ela estivesse me dando mole – ele desabafou. – A vadia queria cheirar.

Alemão sorriu, como se quisesse consolar Fê. O desapontamento estava evidente no semblante do rapaz. Julgou que não seria justo zombar de sua inocência, ainda que a troça fosse motivo para o fortalecimento do caráter. Mesmo longe, pôde ver que a moça era realmente linda, como poucas na cidade. Não era estranho ter esmorecido.

Fortes luzes de faróis de carro invadiram a rua, acompanhadas de uma aberrante intermitência de cores vermelha e laranja nas paredes em volta da rua. Ao ver aquilo, Alemão arrepiou-se imediatamente. Três picapes da Ronda – a polícia local – invadiram o campo de futebol, zunindo a sirene quando já estavam lá dentro, para evitar que as pessoas que estivessem ali escapassem com a surpresa da chegada. A visão de viaturas policiais era motivo de raiva, mas, antes, de medo.

Não era preciso pensar para decidir o que fazer. Fê resmungou algo que Alemão entendeu ser um comando para saírem do lugar com rapidez. Era perigoso, precisavam se manter longe da vista dos policiais. Tiveram a chance de ouvir os gritos de ordem dos homens da lei, e a resignada obediência dos viciados.

Com exceção da italiana, que foi prontamente liberada pelo comando, sem nem mesmo ser tocada.

– Que polícia vai querer arrumar confusão com uma estrangeira linda? – Fê pensou, enquanto abaixava a cabeça e começava a caminhar de volta à mesa. Interrompeu o raciocínio diante do titubeio de Alemão, que permanecia estático, nas sombras, observando o trabalho de limpeza social da Ronda.

– Vamos embora, porra! O que está esperando? Eles virem aqui nos dar um esculacho? – o medo de Fê tinha fundamento. Todos do grupo portavam documentos falsos. De informações quentes, mas ideologicamente falsos. Bastava uma diligência com mais empenho para se comprovar a mentira transcrita nos papéis verdadeiros.

Não era a curiosidade pelos trabalhos dos policiais que impedia Alemão de se mover. Conhecia todo o procedimento de abordagem e revista pessoal, e poderia se antecipar ao que iriam fazer. Era quase uma rotina monótona.

O que lhe prendia a atenção era um dos viciados abordados. Magro, pequeno e careca. Olhos esbugalhados, algemado e jogado ao chão pela força de um policial, inerte após ter seus bolsos revirados. Alemão julgara que aquele se tratava de Siri, um dos que ajudaram a cavar o túnel, sumido há algum tempo. Apesar de sua aparência não ser exatamente a mesma, a hipótese de ele não ter morrido, como lhe haviam confiado, era um incômodo real.

Se fosse compartilhar sua dúvida com Fê, acabaria confessando incompetência por não ter resolvido o problema do jovem viciado com eficácia. Faltava pouco para fugirem com o dinheiro, e qualquer envolvimento com a polícia arriscaria todo o trabalho. Não podia vacilar quanto à morte de Siri. Isso era assunto de sua responsabilidade, já que garantiu que seria resolvido sem deixar rastros. Sua vontade era de ir pessoalmente ao local da abordagem e conferir a identidade do indivíduo amontoado sobre seu pobre corpo.

Fê notou que Alemão estava abalado com as atividades dos policiais, porque seu rosto se tornou vermelho repentinamente. O suor escorria entre as veias da testa, como poucas vezes tinha visto no amigo. A italiana desaparecera do lugar, mas nesse momento era o que menos importava.

– Alemão – Fê repetiu. – Jussivan!

Finalmente, Alemão ouviu o companheiro e entendeu a necessidade de sair o mais rápido possível daquele lugar. Pensou em dizer que iria logo em seguida, mas isso chamaria muita atenção. Outra solução cogitada seria voltar mais tarde, longe da vigilância do grupo, e confirmar se o viciado era realmente Siri. Mas havia o risco de a operação já ter terminado e, como era de praxe, os viciados terem sido varridos do lugar.

Ou então, com bastante prudência, dar uma passada no 3º distrito policial, para onde os abordados certamente seriam levados, e perguntar sobre a diligência. Seria mais fácil se Siri fosse preso, porque uma vez estando no sistema, Alemão conseguiria qualquer informação. Hipótese que sabia ser remota, já que as chances de alguém ser encarcerado por usar drogas eram ínfimas.

Normalmente, diante da impossibilidade de prisão e obrigação de manter a ordem, a Ronda recolhia os viciados pelas ruas, tomava-lhes o dinheiro e distribuía sopapos. Em seguida, eram jogados na viatura e soltos nas cidades vizinhas, Caponga ou Caucaia, na esperança de que não retornassem.

Em todo caso, para todo o grupo, Siri estava morto. Os paulistas iriam embora logo pela manhã, e só retornariam dali a alguns meses, tempo suficiente para esclarecer suas dúvidas e ter certeza de que Siri estava definitivamente morto. Alemão acreditava que ele estivesse magoado com o grupo e por isso, na segunda-feira, quando o furto fosse descoberto, não seria surpresa se conversasse com alguém sobre o que vira ao longo dos últimos meses na casa da Rua 25 de Março.

Caminharam com vigor até as mesas onde os outros homens riam e contabilizavam as histórias. A satisfação de todos foi interrompida pela notícia de que a polícia estava fazendo *blitz* nas proximidades. Véio não esperou as considerações dos demais, apressando-se em dizer que deveriam voltar para casa com urgência.

Ninguém questionou sua decisão, apesar de Moisés lamentar o pedaço de picanha que teria de abandonar no prato.

Voo Tam 3300 – Fortaleza/São Paulo

Dois táxis aguardavam os homens saírem da casa. Os motoristas se conheciam do ponto do aeroporto, e quando receberam o chamado para fazer a viagem até o bairro do Mandubim, acharam que transportariam muitos passageiros. Logo que chegaram, ficaram descontentes em saber que, além de quatro pessoas, levariam também quatro pesados sacos de farinha de trigo.

Os motoristas se recusaram a transportar os volumes, porque isso poderia danificar os automóveis. Foi preciso Gordo prometer uma vantajosa caixinha aos taxistas para convencê-los de que a viagem não causaria qualquer prejuízo.

– São retalhos de tecidos da nossa confecção – disse Moisés, quando questionado por um dos motoristas sobre o que havia naqueles sacos.

Manhã de domingo era o dia típico de embarque de turistas, e os taxistas estavam acostumados a fazer viagens estranhas quando envolvia grupos de homens que vinham a Fortaleza para se divertir. Normalmente eles eram os mais generosos e os que se dispunham a pagar mais. Estes não fugiram à regra. Bem-vestidos, os paulistas pagaram em dinheiro vivo aquilo que receberiam ao longo de todo um dia de trabalho de chofer – se eram pedaços de pano, não havia motivos para duvidar. Negócio fechado em duzentos reais, tudo pago em amontoadas notas de cinquenta de cheiro estranho. Era provável ter ali uma quantia além do combinado, já que os passageiros não fizeram questão de contar o quanto haviam dado.

Um dos motoristas alertou que corriam o risco de pagar a taxa de sobrecarga ao despachar.

– Não tem coisa nesse mundo que não possamos pagar.

Fê, Moisés, França e o Véio despediram-se do grupo, certos de que no máximo em dois dias se reencontrariam em São Paulo. Ao todo, levavam consigo também pesadas mochilas, com dinheiro suficiente para comprar um avião de pequeno porte.

– Vão com Deus, nos vemos em São Paulo – Gordo disse, antes de abraçar os companheiros. Ele, Alemão, Pedrinho, Flávio, Cebola, Chiquinho, Rogério e Tadeu guiariam os carros comprados no dia anterior.

– Fiquem com Deus vocês também – outros três carros já deveriam estar na mesma estrada, levados por Zé Charles no caminhão cegonha para o mesmo destino.

Assim que todos chegassem, voltariam para buscar o restante do dinheiro.

Edimar ficou na casa vigiando o buraco. A sala e dois quartos já estavam vazios com a retirada das cédulas que preencheram os veículos, e ocorreu-lhe que já havia espaço para colocar ali uma cama, aparelho de som e TV. A casa era sua. Logo todos retornariam para esvaziar os outros cômodos e o buraco, e então poderia gozar definitivamente do imóvel.

Alemão passara a noite na casa, junto com os amigos. Preparava-se para empreender a longa viagem até São Paulo em uma das L200 compradas no dia anterior.

Mas, antes, queria ter certeza do embarque do grupo para depois tentar descobrir o verdadeiro destino de Siri. Saudou a viagem dos paulistas com um longo abraço, e assim que os carros viraram a esquina, telefonou para Deusimar. Contou-lhe das suspeitas da noite anterior, e da possibilidade de Siri ainda estar por aí. Juntos, começaram a levantar os vestígios do viciado que insistia em não morrer.

Muito embora tivesse dito aos amigos que partiria para a BR-116, rumo a São Paulo, foi junto com Deusimar até o barraco do rapaz, na esperança de conseguir alguma informação. Seus vizinhos, contudo, não souberam dizer seu paradeiro. Poucos lembravam de seu semblante, e alguns nem mesmo sabiam que ele havia morado ali. Não tinham dúvidas quanto a seu desaparecimento.

O ex-segurança dividira a responsabilidade no assunto, além de ter certificado ao grupo que o rapaz tinha sido morto. Temiam que os paulistas dividissem o mesmo receio que agora lhes afligiam.

– Um polícia camarada conferiu o corpo lá em Aquiraz. Disse ter certeza de que era o Siri.

Alemão também acreditou nessa história quando lhe contaram. A versão foi fortalecida quando soube, pelas próprias bocas de fumo, que Siri tinha sumido. Todos, inclusive aqueles para quem ele devia dinheiro, eram unânimes em atestar sua morte. A fragilidade do estado físico do rapaz e sua redundante audácia em comprar *crack* sem pagar eram motivos que davam credibilidade à versão de que havia morrido na cobrança de algum traficante, ou no mau humor da polícia.

Cansado das buscas, Deusimar pôs em dúvida a versão de Alemão. Tentou persuadi-lo a esquecer aquela história. Disse que, mesmo se estivesse vivo, ninguém daria credibilidade às palavras de um viciado em *crack*. Deveriam eles mesmos se preocupar em sumir de Fortaleza enquanto ainda era tempo. Estar ali representava um distanciamento do plano original traçado pelo grupo. Alemão deveria partir imediatamente para São Paulo, antes que alguém desconfiasse.

No aeroporto, os paulistas não tiveram problemas com os documentos falsos durante o embarque. Dentro do avião, Moisés brincou com Véio, dizendo que não conseguia se sentar direito. Fazia referência ao volume de notas que trazia nos bolsos traseiros da calça, que lhe causava incômodo quando tentava se acomodar na poltrona.

Véio não pareceu rir, nem se esperava que risse. Massageava os dedos e a palma das mãos ainda doloridos pela escavação. Não conseguiria fazer aquilo novamente. Seu corpo já não tinha a mesma resistência, e os músculos vinham respondendo aos seus caprichos com aflições cada vez mais intensas. Quando era jovem, trabalhava o dobro do que hoje, sem dormir. Ainda bem que o dinheiro conseguido seria o bastante para pagar seus pequenos luxos, e começar o tratamento de que precisava. O médico lhe dissera para descansar, ou pelo menos se dedicar a um trabalho menos insalubre.

– O senhor não tem outro trabalho além da construção?

– A construção é meu segundo emprego, doutor. Na verdade, sou ladrão de banco. Às vezes também faço carro-forte. Mas esses dão trabalho, porque os vigilantes se acham dono da grana e acabam reagindo. Não gosto de roubar, mas se preciso for, vou sozinho tomar a grana e saio da agência no cavalo doido. Mas o bonito é entrar por baixo, e depois sair recheado sem ninguém perceber.

Elizomarte é preso

Segunda-feira, ao abrir a loja, Elizomarte ainda não sabia o que fazer com todas as notas de 50 reais conseguidas na venda da manhã de sábado. Marcos, o funcionário responsável pela contabilidade, avisou que não poderiam depositá-las nas contas da empresa. O gerente do banco exigiria explicações, porque era esta a regra dos negócios, de acordo com as normas legais.

Durante o almoço, Marcos mostrava-se preocupado. Perguntou a Elizomarte se conhecia as pessoas para quem tinha vendido todos aqueles carros. Quando recebeu uma evasiva resposta negativa, comentou sobre o crime ocorrido no centro. Quanto mais seu funcionário lhe dava informações, mais crescia em Elizomarte um comportamento agressivo.

– Tá todo mundo falando. Entraram no Banco Central por um túnel e levaram milhões em notas de 50 reais.

Apesar de não ter coragem de sugerir diretamente a participação de seu patrão no crime, sabia que algo não estava certo.

– O que vamos fazer, Elizomarte? Não acha melhor avisarmos a polícia?

– Avisar a polícia? Tá maluco? Isso foi um negócio normal. Já fizemos um assim antes, não se lembra? Se eu souber que alguém daqui ligou para a polícia, mando todo mundo embora.

Marcos nunca tinha visto o chefe ameaçar sua equipe daquela forma. Tinha razão quando dizia que já tinham negociado veículos em dinheiro vivo outras vezes, mas nunca em valores tão altos, e em notas de um único valor.

Elizomarte manteve-se ao longo dos dois dias trancado em seu escritório. Não conversou com ninguém, nem mesmo o essencial para que as vendas não fossem paralisadas. Apenas telefonava compulsivamente. Os vendedores diziam estar de mãos amarradas para trabalhar, porque não tinham a autonomia necessária para tomar todas as decisões sem o aval do chefe.

Os sacos de dinheiro continuavam guardados na sala da contabilidade, amontoados entre os armários. Marcos temia pelo pior. Caso algum bandido descobrisse que a quantia se encontrava ali, não tinha dúvidas do que poderiam fazer para roubar aquilo. Quando foi levar essa preocupação a Elizomarte, não conseguiu nenhuma resposta. Ele se mantinha ao telefone, nitidamente nervoso.

No dia seguinte, quando Marcos retornou ao trabalho, o patrão já se encontrava na loja, dormindo em sua sala com a mesma roupa do dia anterior.

Torcia para que, se houvesse algum crime, acontecesse à noite, enquanto Elizomarte estivesse dormindo por lá, ao lado das notas de cinquenta reais.

Na terça-feira, os vendedores comunicaram o ultimato. Caso Elizomarte não tomasse providências para retirar a fortuna escondida na loja, eles iriam embora. Como funcionário diligente que sempre foi, Marcos prontificou-se a levar os sacos para a casa do chefe. Não era uma solução definitiva, mas pelo menos assim a loja voltaria à normalidade. Apesar de considerar sua ideia como a melhor saída, não teve qualquer resposta de Elizomarte.

No dia seguinte, logo cedo, quando chegou à Brilhe Car, quatro carros escuros enfileirados no estacionamento de clientes deixaram Marcos apreensivo. Aquele não era um horário normal para aparecer compradores. No interior da loja, foi recebido por dois homens estranhos:

– O que o senhor deseja?

– Eu trabalho aqui.

As figuras se identificaram como agentes da polícia federal, e convidaram Marcos para que os acompanhasse até uma pequena sala dos fundos.

O funcionário perguntou se queriam conversar com Elizomarte, o dono da loja, e se ele estava preso.

– Ele tem algum motivo para ser preso?

Notou que os poucos vendedores que tinham ido trabalhar naquela manhã também foram levados para outras salas. Os funcionários ficaram incomunicáveis, e as portas da loja foram fechadas.

Marcos contou o que sabia, e sobre sua preocupação com o dinheiro guardado na contabilidade. Teve de repetir várias vezes que não conhecia as pessoas que realizaram as compras dos carros, e que nem mesmo tinham uma documentação sobre o negócio.

– Foram eles que roubaram o Banco Central?

Os policiais, em vez de responder sua pergunta, lhe disseram que a situação de todos naquela loja estava complicada, e que dificilmente escapariam de ser presos. Marcos demonstrou apreensão e pediu a presença de um advogado para acompanhar seu interrogatório.

– Vamos chamar o advogado quando terminarmos seu flagrante. Até lá você vai responder a algumas perguntas.

Marcos sentia-se injustiçado com sua prisão. Não tinha feito nada demais, a não ser seu trabalho de sempre. Seria punido por cumprir as ordens do chefe com dedicação?

– Quanto você recebeu pela venda?

Os policiais não acreditaram que seu salário não computava qualquer porcentagem sobre vendas de carros. Isso era próprio dos vendedores. O que recebia era fixo, e exclusivamente pelo trabalho de contador.

– Quantas pessoas vieram buscar os carros?

Quando Elizomarte o convidara para trabalhar na loja, ouviu de amigos próximos recomendações para ter cuidado com o novo chefe. Ele tinha sido dono de uma transportadora de veículos, vendida para Zé Charles, e naquela época pairava suspeita de levar carros roubados entre São Paulo e Fortaleza. Nada comprovado.

– Por que não levaram o dinheiro embora daqui?

Marcos não entendia por que deveria responder àquelas perguntas óbvias, principalmente porque os policiais aparentavam já saber a resposta. Quando se confundia com o encadeamento dos fatos, eles próprios o corrigiam, obrigando-o a recontar a versão da forma como esperavam ouvir.

– Quem fez a venda?

Aos poucos, as próprias perguntas dos policiais serviram para Marcos construir uma linha lógica dos fatos. A presença de Zé Charles no sábado, durante as vendas, começava a fazer sentido. Como era o atual dono da transportadora, as chances de ele levar os carros em sua cegonha para alguma cidade distante faziam-se concretas. Mas como isso teria alguma ligação com o furto ao Banco?

– Qual o nome da pessoa que comprou?

Não sabia o nome exato do homem loiro que pagara os carros. Só conhecia Zé Charles, que o acompanhava. Mesmo sobre as outras cinco ou seis pessoas que vieram em seguida trazer os sacos de dinheiro, nada poderia dizer, além da marca do carro que usaram para o transporte.

– Quanto você recebeu pela venda?

O protesto de Marcos por ter que responder às mesmas perguntas várias vezes os irritou. Ao que parecia, o funcionário deveria se comportar como uma máquina, proibido de se insurgir quando notasse algum erro naquele estranho procedimento.

– Mas, do que, afinal de contas, eu sou suspeito? – Marcos queria saber se eles acreditavam que havia participado de algum crime. Contou e recontou por muitas vezes tudo o que tinha feito no sábado pela manhã, desde o aparecimento de Zé Charles e o outro homem na loja. Incluiu no relato suas impressões pessoais sobre o comportamento do chefe nos últimos dias, e como os demais funcionários haviam reagido diante daqueles fatos que entendia inesperados.

Em nenhum de seus atos julgou haver o mínimo de ilegalidade. Elizomarte mandou que ele contasse o dinheiro, e foi o que fez. Se não depositou a quantia, foi porque fugia de sua responsabilidade. Pois o dinheiro era da loja, e não seu. Por dever de ofício, não poderia fazer coisas com o patrimônio alheio sem a autorização do seu verdadeiro proprietário.

– Você sabia que o dinheiro era roubado.

Era a primeira vez que a polícia afirmava algo, ao invés de perguntar. Chocado por ter sua honestidade colocada em dúvida, queria ter dito algo que os convencesse definitivamente de que era íntegro. Mas só conseguiu o óbvio: tomar a acusação como uma pergunta, e respondê-la com um taxativo "não! Eu não sabia".

– Você acha normal que alguém entre por aquela porta com um saco de um milhão de reais?

– A loja já fez uma venda de 500 mil em dinheiro vivo. Mais estranho é aceitar que alguém consiga cavar um túnel de 100 metros na fuça da polícia e retire mais de 100 milhões do Banco Central.

Os policiais se alteraram e prometeram que vasculhariam a vida toda de Marcos. Seu passado, suas propriedades. Quando pareciam cansados de ouvi-lo, revezavam-se na sala. Os que entravam se apresentavam de forma simpática, e os que saíam sempre estavam muito mais nervosos.

Um deles, que dizia ser delegado, trazia uma notícia desagradável. De acordo com uma confissão direta de Elizomarte, Marcos era o mentor da negociação, e seu único responsável.

O funcionário começou a chorar, e disse que Elizomarte não estava sendo homem. Repetiu que apenas tinha feito a contabilização do numerário trazido pelos desconhecidos, e que nada mais sabia sobre eles ou sobre os carros vendidos.

Pediu aos policiais que tivessem compaixão, e perguntou se conseguiriam dormir em paz sabendo que tinham colocado um inocente na cadeia. O delegado, impassível, respondeu que a carceragem da Polícia Federal em Fortaleza tinha instalações para preso com formação superior.

– Alemão. É tudo o que me lembro sobre o homem que comprou os carros. Era branco, da sua altura. Veio junto com o Zé

Charles, da J.E. Transportadora. Ele ficou do lado de fora da loja, enquanto o Zé fechava negócio com o Elizomarte.

Marcos reconheceu a fotografia de Alemão quando foi mostrada por um dos policiais.

– Era ele sim. Tenho certeza.

Mostraram ainda um álbum com fotografias de muitas pessoas. Achou que pelo menos mais duas pessoas retratadas ali estariam entre aquelas que trouxeram os sacos de dinheiro.

Marcos ainda forneceu o endereço de Zé Charles, inclusive os números de telefone celulares com os quais costumavam ter contato. Ele já tinha feito alguns fretes para a loja, por isso deveria ter em seus arquivos a nota fiscal de sua empresa, ou mesmo cópia de algum de seus documentos pessoais.

– Podem conferir. Eu não tenho nada a ver com isso. O Zé Charles vai confirmar tudo.

– Zé Charles sumiu, Marcos. Ninguém sabe dele.

Aquele não era o fim digno para um trabalhador, pensou Marcos. O delegado, quando percebeu o desespero no soluço do homem, ofereceu-lhe água gelada. Tentou acalmá-lo, e disse que tinha notado nele boas intenções.

Marcos engoliu o líquido sem pressa. Seu choro embaçou o vidro do copo e fez derramar respingos de água na gola de sua camiseta. Não entendia como poderia ser preso apenas por fazer o seu trabalho.

Tentou explicar que, caso soubesse quem eram as pessoas que queriam comprar os carros, teria pedido demissão no mesmo instante. Só soube do furto ao Banco Central na segunda-feira, dois dias após ter feito a venda. Naquele dia, para ele, o dinheiro era fruto do capricho de algum maluco que não queria pagar a CPMF.

Só o simples fato de ser suspeito de ter cometido o crime era algo inaceitável em sua família. Ele ou qualquer parente seu nunca tinham tido o desgosto de ser fichado na polícia, e se fosse preso, como tinha dito o delegado, não teria sequer coragem de olhar nos olhos de seus filhos.

– Eu me mato na cadeia. Não quero que meus parentes sofram a mesma vergonha que estou passando agora.

Os sorrisos dos policiais, que antes lhe pareciam escárnio, agora demonstravam querer tranquilizá-lo. Comentaram sobre o desempenho do time do Fortaleza no campeonato, e como os preços dos carros importados caíram nos últimos anos. Marcos continuava olhando suas mãos, quando uma advogada, de salto alto e grandes óculos escuros, apareceu:

– Marcos, você quer ser ouvido pelos policiais hoje?

– Como assim? Eles me ouviram o dia inteiro.

A mulher riu, e explicou que os policiais queriam apenas a formalização de toda a história contada por ele, devidamente assinada.

– Eu vou ser preso, doutora?

– Se você repetir tudo o que já disse e assinar embaixo, tenho certeza que não. Não é, doutor? – a advogada sorriu para o delegado. Ele e Marcos demonstraram sentir o perfume da mulher, mas só o delegado se encantou com a delicadeza de sua pele. Era muito bonita para a idade que aparentava.

Um outro homem entrou na sala:

– Doutor. Ele tá na linha – o delegado pediu licença e se retirou da sala.

A intromissão repentina chamou a atenção de todos na sala. Apesar de curioso com o anúncio do policial, Marcos não queria se intrometer naqueles assuntos que tanto medo lhe causavam. Para sua tranquilidade, a advogada lhe cochichou, quase encostando o nariz em sua orelha:

– Que sorte a sua. Eles encontraram o Zé Charles.

Quando Marcos já estava no saguão da loja, próximo aos carros em exposição, viu Elizomarte, algemado, sendo conduzido para uma viatura, de cabeça baixa e semblante cansado. Não tiveram tempo de conversar, por isso duvidou a princípio de que aquilo se tratasse de uma prisão.

Somente ao longo da semana é que Marcos confirmou o fato, através das notícias dos jornais. Mas não ficou muito tempo preso, e quando o chefe retornou aos negócios, a loja ainda estava aberta, apesar de as vendas terem despencado.

Marcos nunca mais fez qualquer comentário com relação ao que ocorreu na manhã daquele sábado. Nos meses que se seguiram, o contador convenceu Elizomarte a buscar a falência da empresa da forma menos traumática para todos. Os poucos funcionários que restaram ficariam gratos em receber seus direitos trabalhistas.

Não conseguiu colocar os planos em prática, porque Elizomarte foi sequestrado logo em seguida.

Uma oração a São Cristóvão na BR-116

Zé Charles acordou Francisco naquele domingo de manhã com uma surpresa: deveria se preparar para viajarem juntos. O motorista da transportadora responsável por levar os veículos entre Fortaleza e São Paulo estranhou o serviço inusitado. Além de ser o seu dia de folga, o patrão sempre fez o cansativo trajeto entre as duas cidades de avião.

A notícia o fez sentir-se honrado, pois, afinal, o chefe poderia acompanhar seu trabalho de perto e ver o quanto era zeloso com o equipamento. Deveria redobrar o cuidado e precaver-se para que a longa jornada não se tornasse tediosa. Vislumbrou um problema: o patrão não iria comer da mesma comida que costumava preparar na estrada, em seu fogareiro.

Ele era um homem rico, que não estava acostumado à simplicidade do arroz, feijão e batata preparadas no fogão rústico. Por isso teria que gastar um dinheiro além do normal para acompanhar o patrão em restaurantes durante a viagem.

– O senhor vai comigo na viagem, seu Zé?

– Vou, Chico.

Francisco não se sentiu à vontade para perguntar o motivo de o chefe se aventurar na boleia da carreta em uma viagem tão longa. Como Zé Charles não esclareceu os motivos espontaneamente, não caberia ao funcionário querer saber.

O caminhão era confortável, com ar-condicionado, TV, DVD e todo acolchoado. O motor puxava devagar, como eram os brutos e, de dentro da cabine, o que se ouvia era apenas o suave rolar dos pneus no asfalto.

– Vamos sair em uma hora, tudo bem?

Francisco teve sorte, porque sua mulher havia adiantado os serviços da semana, passado e lavado as roupas ainda no sábado. As malas poderiam ser feitas com a urgência exigida pelo patrão. Ela reclamou da pressa da viagem, mas, como tinha sido ordem direta de Zé Charles, expor seu protesto para o marido seria desperdício de tempo.

O caminhão já estava carregado com os veículos quando Francisco chegou à transportadora. Três Mitsubishi L200, aparentando ser zero-quilômetro lhe chamaram a atenção. Ele gostava daquela marca. A grandeza de seu porte lembrava caminhões. Era provável que tivessem sido comprados na loja Brilhe Car, que hoje pertencia a Elizomarte, seu antigo patrão na transportadora. Ele era o principal cliente de Zé Charles, e às vezes chegava a confundir quem era seu verdadeiro chefe.

Lembrou-se de que o Citroën C3, que também estava na carroceria, era o mesmo que trouxera há pouco tempo do sudeste. Esse carro o tinha deixado preocupado, porque Zé Charles, de forma estranha, tinha pedido para trazê-lo de São Paulo com o máximo de rapidez.

Francisco foi diligencioso no trajeto, e o teria vencido no prazo previsto, não fosse a impaciência do novo patrão. Subitamente, Zé Charles interceptou o caminhão ainda na estrada, mandou descarregar o Citroën e continuou a viagem sozinho para Fortaleza.

O motorista nunca perguntou os motivos da pressa do patrão. Temeu que tivesse ficado insatisfeito com seu trabalho, e pediu desculpas pela demora. O caminhão era excelente, mas quem não é do ramo estranha a pouca velocidade que empreende quando está carregado.

Francisco estava intrigado com o novo trabalho que lhe fora confiado pessoalmente pelo chefe, principalmente o fato de a carroceria voltar vazia de São Paulo.

Quando uma viagem é programada, deve-se evitar a volta com o caminhão sem carga, pois é sinal de prejuízo. E isso nunca aconteceu na rotina dos fretes feitos para a Brilhe Car. Francisco sabia que Elizomarte nunca fora um bom administrador, mas, como quem julga o valor do transporte é quem paga seu preço, não cabia ao motorista questionar a logística do pedido.

– Quando comprar minha própria cegonha, imagine se voltarei de São Paulo vazio. Coisa de gente que não sabe trabalhar.

Logo que partiram, Francisco descobriu que o trajeto não seria nada agradável. Não pelos buracos da BR-116, pois já os tinha guardados na memória. Achou que impressionaria o chefe quando ele percebesse todo o cuidado que tinha com o caminhão, mas, por algum motivo, Zé Charles mostrava-se calado e ansioso. Imaginando que estivesse sentindo calor, ofereceu o ar-condicionado da cabine como forma de tornar a viagem menos cansativa.

– Tanto faz – Francisco esperava uma resposta concreta, que não pudesse deixar dúvidas entre o sim e o não. Pessoalmente, não gostava do ar-condicionado porque o cheiro não lhe parecia algo bom. Preferia o vento entrando rápido pela janela e o sol queimando o braço.

Indiferente ao motorista, Zé Charles comeu pouco e não dormiu nas duas noites. Ele não sabia dirigir a carreta. Mesmo se soubesse, essa era a função de Francisco, que fazia com grande prazer.

Para afastar o tédio, Francisco tentou conversar com Zé Charles em alguns momentos, contando histórias de outras viagens que considerava engraçadas. Ofereceu seus CDs e, para descansar, deixou que ele ficasse com o melhor pedaço do colchão. O motorista não se mostrou abatido com o descaso. Cantava baixinho as músicas que lhe agradavam no rádio. Apesar de nascido em Fortaleza, gostava da voz grave de Tião Carreiro cantando pagodes e reclamando da esposa:

– Eu e minha mulher fizemos uma combinação, eu vou no pagode e ela não vai não!

Naqueles dias, os locutores das rádios se ocupavam de uma única notícia. Haviam roubado o Banco Central em Fortaleza de maneira cinematográfica. Os jornalistas diziam que bandidos tinham escavado um túnel de quase 100 metros sem que ninguém notasse.

– Como entraram no banco sem ninguém perceber? Esse país é uma piada. Imagina só, seu Zé. Alguém entraria na sua transportadora desse jeito sem a sua autorização? Isso é coisa desses políticos corruptos.

Francisco não sabia exatamente o quanto tinha sido levado pelos criminosos. Os jornalistas insistiam em dizer um número, e que era o maior roubo a banco do mundo. Um trabalho de profissionais.

– Eu não tenho dó, não, seu Zé. Por mim, quanto mais roubarem bancos, melhor. Não pode matar. Mas roubar assim, na surdina, sem machucar ninguém, eu acho é bom. O maior câncer do mundo são eles, sabia?

Francisco começava a se incomodar com o silêncio do companheiro de viagem ao seu lado. Se ao menos sinalizasse que estava ali, ouvindo suas histórias, poderia saber se devia ficar quieto ou não. Dirigir por sete Estados naquela situação não era fácil. Para o motorista, melhor seria se estivesse sozinho, como sempre. Pelo menos não se sentiria culpado por não agradar ao chefe, que parecia cada vez mais infeliz.

A única coisa a que Zé Charles se dedicava durante a viagem era seu celular. Ligava compulsivamente para várias pessoas, falando coisas relacionadas a dinheiro. Durante os poucos momentos em que desligava o aparelho, ele não tardava a tocar. Francisco, de forma discreta, acompanhava as palavras do chefe, tentando entender o que lhe deixava tão preocupado. Aos poucos, percebeu que todos os telefonemas faziam parte de uma só história que envolvia carros, paulistas e dinheiro. Não achava educado ouvir conversas alheias, mas naquela situação era impossível ignorar o assunto.

– Não tem nenhum polícia até São Paulo. Pode ficar tranquilo, o negócio está bem escondido na lataria. E mesmo se desconfiarem, paga uma madeira com essas notas de cinquentinha que eles te liberam.

– Nisso ele tem razão – avaliou Francisco. – Seu Zé, desculpa dizer, mas é que ouvi a conversa sem querer. Olha, 50 reais pro café dos polícia é um exagero. Eles liberam a gente por qualquer cinco reais. Desse jeito o senhor vai inflacionar o mercado. Depois eles marcam minha carreta e aí vão achar que sempre vou ter esse cacife disponível.

O motorista achou graça de sua própria observação, que intimamente revelava um receio para as futuras viagens. Continuou relatando histórias de policiais que pediam propina pela estrada, e de como era esperto para convencê-los do pouco dinheiro a oferecer; porém, ria sozinho, porque Zé Charles não dava ouvidos às suas palavras. Nem mesmo pediu licença ao interromper a história para atender outro telefonema:

– Vocês deixaram os carros mais perigosos comigo. Se olharem os bancos da L200 vão desconfiar.

"Perigosos?" Antes de começar a viagem, Francisco conferiu a documentação de todos os veículos e certificou-se de que estavam em dia. Será que poderia ter se enganado com as três L200? Impossível. Seus anos de estrada não lhe dariam a chance de cometer um erro tão amador como esse.

A sensação de que cometera algum erro ao conferir os carros aumentou com a reação do chefe ao longo de toda a viagem, pois ele não parecia alguém que havia cometido meras irregularidades administrativas documentais. Temeu pelo pior que poderia acontecer a um caminhoneiro: ter sido vendido para transportar carros roubados.

Não esperava tal comportamento de Zé Charles. Desde que ele comprara a transportadora, parecia ser um homem digno, sem pretensões ilícitas. Mas poderia, como todo homem, se deixar seduzir pelo crime em um momento de fraqueza de caráter. Lembrou-se de um primo, também caminhoneiro, preso transportando drogas dentro de carros zero-quilômetro. Morreu na cadeia, afirmando sua inocência.

Estavam a pouco mais de um dia de São Paulo. Francisco já não tinha interesse em parecer simpático. O medo havia começado a dominar seus pensamentos quando ouviu o patrão conversar com Elizomarte ao telefone. Falava algo que envolvia a Polícia Federal, e sobre um delegado que "já sabia sobre os carros".

Começou a ter pressa para chegar, por isso acelerou mais do que a usual prudência permitia. Zé Charles pediu que parassem no próximo posto e adiantassem a refeição. Ainda não era a hora do almoço, mas queria poder usar um telefone público, porque a bateria do seu celular ainda não tinha sido totalmente carregada.

Francisco ficou no caminhão para estacioná-lo corretamente, e avisou seu chefe que logo o seguiria. Conferiu a calibragem dos pneus e a integridade da suspensão. A BR-116 era impiedosa com o equipamento. Antes de se juntar a Zé Charles, pegou a papelada das três L200, subiu na carroceria e pôs-se a conferi-las. Dessa vez, a curiosidade o obrigou a olhar em seu interior para saber os motivos que faziam daquela viagem a mais tensa que já fizera.

Notou um volume disforme no revestimento traseiro do encosto do banco do passageiro. Tal qual uma barriga, o couro quase encostava nos bancos de trás. Ao abrir o velcro que lacrava o estofamento, Francisco assustou-se ao ver cédulas de 50 reais agrupadas por elásticos.

– Puta que o pariu!

Ainda sobre o caminhão, olhou ao redor para certificar-se de que ninguém compartilhava da mesma visão. Nas bombas de gasolinas, apenas um frentista rabiscava em um bloco de papel, aproveitando sua folga momentânea.

Certo de que Zé Charles não retornaria naquele momento, voltou à inspeção. Passou os dedos nos papéis para sentir a textura das cédulas e conferir sua autenticidade. Quanto poderia ter ali? Segurou um dos pacotes e manchou o dinheiro com o suor de suas mãos. "Porra, em que esse cara tá metido?" Sabia que ali havia muito dinheiro, mas era incapaz de avaliar o quanto. Quando começava a contar as cédulas, perdia-se na matemática ao lembrar de que aquilo tudo só poderia ser fruto de crime. Ocorreu-lhe esconder um pacote em suas roupas. Havia tanto dinheiro ali que não notariam a falta de uma parte tão pequena. Passou a mão em seus bolsos, e ficou desapontado ao descobrir que não havia espaço o bastante para guardar um dos bolos de cédulas.

– Merda! – queixou-se por não ter ouvido sua esposa, que lhe recomendara vestir a calça preta, cujos bolsos eram maiores e espaçosos. – Isso é dinheiro de crime! – não havia dúvidas. Um homem digno não precisa disso para viver. Colocou as cédulas nos exatos lugares que se lembrava estarem. Fechou o estofado com dificuldade, pois o peso dos papéis não deixava unir as duas partes do lacre de velcro.

Seu suor despejava gotas grossas no assoalho do veículo e imprimia suas mãos no interior. Pegou a flanela que trazia no pescoço para limpar as marcas de seu corpo e, ao esfregá-la no couro manchado por suas marcas pessoais, sentiu relevos salientes em todo o carro. Chamou sua atenção a presença dos ressaltos proeminentes ao longo de todo o revestimento, que não condizia com a superfície plana característica das paredes, chão e teto. Até mesmo o assento do banco traseiro, abobado por natureza, estava disforme por causa do dinheiro encoberto.

Verificou os mesmos detalhes nas outras L200, confirmando suas suspeitas. Até o Citroën tinha os mesmos defeitos nos estofados.

Fechou os carros, e quase não conseguiu descer da carroceria. Suas pernas tremiam, e não sabia exatamente o que fazer. A viagem duraria horas, e nesse meio tempo temeu que fossem abordados pela polícia. Como explicar todo aquele dinheiro? Dizer que não sabia de nada e que o responsável era seu chefe seria uma desculpa convincente para si, mas insuficiente para livrá-lo da cadeia, como ocorreu a seu primo.

Foi ao banheiro. Apesar de seu corpo pedir o alívio da bexiga, não conseguiu urinar. Lavou as mãos e o rosto. Decidiu que não continuar a viagem seria a melhor solução para se manter inocente em toda aquela história. Avisaria Zé Charles de sua demissão ali mesmo, e que ele poderia seguir a viagem sozinho. Era um bom funcionário, tinha amigos em outras transportadoras, e não seria difícil encontrar um novo emprego. Ficaria no posto até conseguir uma carona de volta.

Caminhando em direção ao restaurante, lembrou-se de que o chefe não sabia dirigir carretas. Por certo, relutaria em aceitar seu pedido de desligamento da empresa até chegarem a São Paulo. E que motivo justificaria sua súbita saída do trabalho? Dizer que encontrou dinheiro suspeito na carga seria confessar participação em algo que não queria tomar parte, mesmo que desconhecesse a origem daqueles milhões.

Zé Charles conversava em um orelhão colado na parede externa do restaurante. Gesticulava muito, falava frases interrompidas por alguém do outro lado da linha. De costas, não percebeu a aproximação de Francisco.

– Doutor, eu não sabia que os carros eram roubados. Juro por Deus. Fechei o negócio com o Elizomarte na confiança de que tinham boa procedência. – Zé Charles tinha ligado para o amigo dono da Brilhe Car, mas fora atendido por policiais federais que se encontravam na loja. Um delegado federal disse-lhe, sem se exaltar, que suspeitava da procedência de alguns dos veículos que transportavam, e por isso interceptaria o caminhão onde quer que estivessem.

– Temos uma viatura indo para aí, no posto onde você está. Caso vocês não se encontrem, quero que pare o caminhão na próxima base da polícia rodoviária federal. Vamos verificar os veículos e, se tudo estiver ok, poderá continuar.

O delegado estava tranquilo, e parecia acreditar na versão de Zé Charles. Seria uma trágica coincidência se, entre os veículos da cegonha, algum realmente fosse roubado. Elizomarte não seria burro a ponto de transportar um "cabrito" naquela viagem. Ele viu que os paulistas eram gente perigosa, e jogar com a sorte deles seria pedir para cavar sua sepultura.

Não tinha certeza de qual era o verdadeiro interesse do policial. Ele poderia estar blefando e já saber que os carros transportavam o dinheiro do banco, o que tornava toda aquela conversa de carros roubados um artifício para convencê-lo a parar.

A base policial estava distante apenas poucos minutos do posto, e policiais vinham em sua direção. Mesmo se quisesse, não teria tempo para desmontar os carros e retirar os valores camuflados. Depois de se despedir do delegado, assustou-se com a proximidade de Francisco ouvindo a conversa.

– Vamos embora, Chico – não interessava o fato de não terem almoçado. Os dois homens tinham mais medo do que fome, e queriam que a viagem terminasse imediatamente.

O asfalto estava tão quente que deixava marcas de piche nos pneus. O telefone celular não tocava mais. O rádio insistia na história dos bandidos do banco de Fortaleza, e a cada nova notícia os valores aumentavam. Um jornalista explicou que os menos técnicos se confundiam ao dizer que o ocorrido era um roubo, quando na verdade era furto.

– Está tudo certo, seu Zé?

Pela primeira vez, Zé Charles entendeu que o motorista seria envolvido em algo criminoso por sua culpa. Se tivesse seguido o plano original e o deixado levar sozinho o caminhão para São Paulo, a desculpa para o delegado teria sido outra, mais consistente e verossímil. No mínimo, pensou, teria mais chance de desaparecer até que aquela história esfriasse.

Acreditava que os outros irmãos que seguiram viagem sozinhos nos carros tiveram mais sorte, e considerou-se um fraco ao não se opor à ideia ridícula de acompanhar a cegonha. Apesar de não ter sentimentos por Francisco, algo ruim apertou seu peito quando viu um sapato de bebê pendurado no espelho retrovisor.

– Um delegado que está investigando o Elizomarte suspeita que ele tenha carregado o nosso caminhão com carros roubados.

Francisco calou-se, como um bom funcionário que não julga a conduta de seu antigo patrão para o atual. Mesmo porque sabia que isso seria injusto, já que os fatos não foram contados por inteiro. Covarde era Zé Charles, que o acompanhou durante os últimos três dias mentindo sobre o dinheiro escondido. Diria para a polícia o óbvio, mesmo que o considerassem mentiroso.

Um policial experiente veria que, de todo o ocorrido e as pessoas envolvidas, ele não passava de um motorista fazendo seu trabalho – "do mesmo jeito que meu primo foi preso". Estava com medo de comentar sobre o dinheiro que viu escondido na carga. O horizonte tinha se afastado um pouco mais, enquanto a vastidão de seus pensamentos preenchia a desolação do cenário ao redor.

Ao seu lado, Zé Charles resmungava palavrões. Seu corpo derramava suor pelo banco, a ponto de manchá-lo. Francisco, notando que o vento que entrava pela janela não era o suficiente para conter o calor do chefe, cogitou ligar o ar-condicionado. "Que se foda o calor desse filho da puta. Morra no inferno."

Lembrou-se das madrugadas em que dirigiu o caminhão sob o efeito de remédios para não dormir, pressionado a cumprir o prazo de entrega imposto pelo patrão. Em quantas dessas vezes ele teria, sem saber, transportado dinheiro nos carros? Pensou em todos os Natais que deixou de passar com a família...

Sua esposa é que tinha razão quando lhe dizia para trocar a vida de caminhoneiro por outra mais regular. Motorista de ônibus, talvez. Seu cunhado era dono de uma Topic, e certa vez lhe sugeriu uma parceria para fazer o transporte de pessoas dentro de Fortaleza. O dinheiro não era tão ruim, mas abandonar a vida na estrada era algo impensável para Francisco.

Em silêncio, rogava a Nosso Senhor Jesus Cristo para lhe evitar o mal que se aproximava. Como não tinha certeza do que se tratava a desgraça que sofreria, temeu que o poder do Espírito Santo não o atendesse. Reiterou que era inocente, e que só queria voltar para casa. Para não haver dúvidas, invocou São Cristóvão, a fim de que intercedesse junto a Deus: "o Senhor que carregou Cristo nos ombros sem saber que era Cristo, peço que me acuda. Valei-me. Eu também não sabia o que transportava. Só quero voltar pra casa e continuar minha vida em paz, com minha família".

O DONO DOS PORCOS

Zé Charles, com os olhos fixos no assoalho do caminhão, segurava o celular com a ponta dos dedos, esperando que alguém telefonasse para solucionar o problema do delegado. Os paulistas tinham experiência com a polícia, e não iriam deixá-lo sozinho. Lembrou-se do que haviam dito: "se algo de errado acontecer, o primeiro que entregar os irmãos vai pagar com a vida. Cagueta não tem vez no sistema".

Pelos cálculos da Polícia Federal, a ação dos criminosos terminou entre as 10 e as 12 horas do último sábado. Como ela só foi descoberta às oito da manhã de segunda-feira, os criminosos tiveram mais de quarenta horas para escapar. Eles se dividiram em subgrupos e seguiram para diferentes destinos.

– Desliga essa porra, Chico!

Não sabia se alguém mais do grupo havia sido preso. Apesar de o delegado ter suspeitas da venda dos carros, o fato de ter conversado com Elizomarte não significava a ruína dos planos. Ele apenas vendera os veículos, e desconhecia o destino das mercadorias. Não poderia falar sobre algo que ignorava.

Qual risco haveria em fugir assim que o caminhão parasse na base da polícia rodoviária? Não daria tempo para os policiais lhe colocarem a mão. Tudo ao redor era mato fechado, onde se esconderia por alguns dias até conseguir fugir para o Paraguai. Pediria ao Francisco que parasse alguns metros antes de serem abordados, abriria a porta e desapareceria da vigilância dos federais. Talvez atirassem, mas, e daí? Morrer na beira de uma estrada, ao invés de passar noites no pau-de-arara, ser preso e morto, acabava por ser menos dolorido.

O pequeno prédio da polícia rodoviária federal apontava no lado direito da estrada. De longe, Francisco conseguiu identificar, mesmo sob o sol forte que turvava a vista, uma viatura com o sinal luminoso ligado e dois policiais fardados prostrados em frente à base, ambos com binóculos apontados em sua direção.

Próximo a eles, três homens com roupas à paisana, parados ao redor de um carro sem identificação, também portavam binóculos. Não tinha dúvidas de que todos aguardavam sua chegada. Acelerou a carreta, como se quisesse chegar e terminar aquilo de uma vez por todas.

Um dos policiais fardados caminhou até o meio da pista de rolagem e fez sinal ao caminhão. O motorista estava decidido: não esconderia nada do que sabia. Nem será preciso perguntar: indicará onde está o dinheiro e relatará as conversas que ouviu ao longo da viagem. Deu seta para encostar, seguido de um breve sinal de luz com os faróis para indicar aos policiais ter percebido a ordem de parar.

Para sua surpresa, ao seu lado, Zé Charles pedia que parasse imediatamente o caminhão. O chefe alterou o tom de voz quando notou a indiferença de Francisco aos seus pedidos. Irresignado, bateu as mãos no painel de plástico, certo de que tal ênfase convenceria o motorista a obedecê-lo. A violência do argumento só serviu para quebrar o visor do seu celular.

– Para esse caminhão, caralho! Tá ficando doido?

Os policiais notaram o caminhão deslocando-se para o acostamento, mas estranharam o fato de ele não reduzir a velocidade. Pelos rápidos cálculos que fizeram, a máquina não teria tempo para parar sem se chocar com as viaturas estacionadas ali. Foram para locais que consideraram seguros, de onde mantinham contato visual com o veículo que se aproximava rápido.

Sacaram suas armas e aguardaram o inevitável. Subitamente, a aceleração da carreta cedeu à pressão dos freios. O motorista deveria ser bom, pois, mesmo com a parada repentina, não levantou poeira. A porta do motorista se abriu no mesmo ritmo, e do interior da boleia um senhor de óculos com grossas lentes, bermudas e barriga exposta na fenda da camisa de botões desceu apressado. Em sua mão direita, uma carteira de documentos.

Dizia se chamar Francisco, trabalhador, e que só queria ir embora. Um dos homens à paisana se aproximou:

– Eu não perguntei seu nome. Quero o José Charles.

– É aquele lá dentro, meu patrão. Moço, eu só trabalho para ele.

– Sabe por que estamos aqui, não sabe, seu Francisco?

– Sei, sim senhor.

– Então guarde a resposta para quando perguntarmos. O pau de bosta da história não me interessa. Queremos o dono dos porcos. Se nos ajudar, o senhor volta pra casa hoje mesmo, pela mesma BR-116 que o trouxe até aqui. E ainda lhe dou uma carona de volta para Fortaleza. O senhor quer uma água? Um advogado?

À ESPERA DA CEGONHA

Desde que chegara a São Paulo, no domingo, Moisés aguardava a carreta que trazia parte do dinheiro furtado no Banco Central. Junto com Véio, telefonavam com frequência para Zé Charles, para monitorar o desenvolvimento da viagem. A ideia de obrigá-lo a viajar no caminhão não lhe agradava, mas uma ordem direta do Véio não era coisa para ser questionada. Zé, como dono da transportadora, era um empresário excelente para serviços de transporte de carga duvidosa, todavia, não tinha o perfil para aguentar paulada em silêncio, caso fosse pego pela polícia.

Como previsto, até a terça-feira tudo corria bem ao longo do trajeto. Pelo celular, Zé Charles garantia a tranquilidade da viagem, até então sem qualquer perturbação. Deveriam recebê-lo na filial paulista da transportadora J.E., onde descarregariam os carros. Tudo preparado para quarta-feira. Os homens estavam prontos para levar os veículos ao seu destino. O restante do dinheiro, guardado com Edimar em Fortaleza, seria buscado em viagens futuras.

– Zé, ninguém caiu até agora. Os irmãos chegaram em paz entre ontem e hoje. O Gordo até foi abordado pela polícia em Minas, mas não desconfiaram de nada.

– Vocês deixaram os carros mais perigosos comigo. Se olharem os bancos das L200 vão desconfiar – o temor do empresário tinha fundamento. O trabalho do tapeceiro fora incompleto, e era fácil perceber que o estofamento escondia algo. Moisés sabia do perigo, por isso tentava desorientar o temor de Zé Charles dizendo que, assim que tivessem a certeza de sua chegada a São Paulo, ele e o Véio, pessoalmente, voltariam para Fortaleza a fim de transportar mais dinheiro pela estrada.

A polícia era uma inevitável presença ao longo da viagem. Caso fossem descobertos, eles se transformariam em incômodos sócios na partilha dos lucros. Zé Charles dissera que, se um dia fosse preso, não se importaria em pagar o necessário pela sua liberdade.

– Não senhor. Se a casa cair para o seu lado, mantenha o bico fechado e não negocie nada. Deixe eles fazerem seu flagrante, apreenderem os veículos e levarem toda a grana que quiserem. Quanto mais você falar, pior para o Partido, entendeu? Mantenha a dignidade, e garantimos sua segurança no sistema. O acerto está proibido.

Moisés estava incomodado por ter que repetir as recomendações o tempo todo. Além disso, o fato de Zé Charles insistir que preferia pagar aos policiais para não ser preso o deixava preocupado. O acerto nunca era somente financeiro.

A negociação também envolveria informações que poderiam comprometer todo o grupo. Apesar de seu envolvimento com o crime, Zé nunca fora preso, e temia o fato de ter sua primariedade maculada. Moisés lhe pediu calma, dizendo que ninguém ficaria encarcerado além de uma ou duas semanas. Era preciso ser forte, e responsável pelos atos.

Nos jornais, o furto tinha se tornado a notícia da semana. Ouvia-se pelas ruas a audácia dos criminosos que ousaram invadir a segurança do Banco Central do Brasil de Fortaleza de maneira cinematográfica. Gráficos tentavam explicar a engenhosidade da empreitada, ilustrados com comentários de jornalistas e especialistas em obras subterrâneas.

– Um trabalho profissional!

Era difícil para Moisés e o Véio não se deixarem envaidecer pelos elogios. Alemão era o mais empolgado nas emoções. Não se continha em comentar a repercussão dos trabalhos e elogiar a competência da equipe. Os paulistas insistiam que o serviço ainda estava na metade, e só terminaria quando todos estivessem seguros.

O receio deixou de ser mera recomendação na tarde de quarta-feira. Enquanto conversava com Zé Charles pelo celular, Véio soube de uma notícia desagradável. De alguma maneira, a Polícia Federal chegara até a loja de carros de Elizomarte, fazendo perguntas sobre Alemão e a suspeita compra dos veículos. Alguém delatara o esquema, ou pelo menos parte dele.

Mesmo com informações incompletas, sabiam que a polícia estava sendo pressionada pelo governo e pela imprensa para desvendar o crime com rapidez. A preocupação não era com a prisão dos irmãos, mas com aqueles que participaram do evento apenas na alegria de um lucro rápido e grandioso.

Elizomarte era um desses personagens. Seus negócios não eram o exemplo de licitude. Muito embora não soubesse de ligações concretas de Alemão com o furto ao banco, o pouco que conhecia sobre o grupo bastaria para possibilitar à polícia construir um diagrama de participações. Não seria complicado fazê-lo falar. Sua contabilidade não resistiria incólume a uma simples auditoria, o que o deixava vulnerável ao enquadramento de algum crime fiscal condenado com prisão.

– Elizomarte caiu, Alemão – Moisés informara o amigo para que mantivesse a cautela pelos próximos meses. – Alguém deve ter dado a fita.

Imediatamente, Alemão lembrou-se de Siri. Agora tinha a certeza de que ele estava vivo. Como seria possível para a polícia descobri-los tão rápido, se não com a ajuda de um alcaguete? "Denúncia anônima" é o que iriam colocar em seus relatórios. Nem tudo o que se faz em uma investigação pode ser oficializado.

Entre as diligências empreendidas na busca da verdade concreta e as condutas permitidas pela lei, era preciso criatividade dos policiais para que toda a história se tornasse verossímil e aceita pelo judiciário. Essa hipótese trazia certo conforto para Alemão, pois estivesse Siri na situação de denunciante sigiloso, pelo menos o Partido não saberia de seu erro em ter convidado pessoa tão inoportuna para o cometimento do crime.

Àquela altura dos acontecimentos, era certo que Deusimar já soubesse do ocorrido na loja de carros. Alemão queria contatá-lo e alertá-lo para o pior, mas desde segunda-feira ele não atendia mais o telefone. Provavelmente, desaparecera nos rincões do país, longe do sinal da rede de celulares. Era essa a história que dizia aos paulistas, quando reclamavam sobre o sumiço do ex-segurança. O Véio não gostou dessa ausência. Alemão disse que no dia seguinte, quando retornasse à Fortaleza para buscar o resto do dinheiro, iria procurá-lo e pedir que ligasse.

Às dez da manhã daquela quarta-feira, o receio ganhou intensidade, resvalando o medo. Perderam o contato com Zé Charles, e não sabiam a posição geográfica do caminhão. Na última conversa, o empresário avisou que a bateria de seu celular estava no fim, mas ligaria de um posto de gasolina que estava logo à frente. Sua voz demonstrava apreensão quando informou aos paulistas sobre a presença dos policiais na Brilhe Car.

Até o começo da tarde não conseguiram mais se falar. O telefone estava mudo. Alemão, para tentar descobrir algo, sugeriu ligar para Elizomarte, em Fortaleza, e comentar amenidades, sempre com o cuidado de não tocar no assunto da compra dos veículos. Apenas para sentir se havia medo no tom de sua voz. Moisés e Véio foram unânimes na repreensão: o comerciante de carros havia caído, e qualquer comunicação com ele seria perigosa. Um simples telefonema poderia dar a chance para que o número do celular fosse rastreado e ter seu sigilo quebrado, revelando números de outros telefones que deveriam ser mantidos em segredo absoluto.

O pânico dominou os pensamentos de Alemão. Ele lembrou que fornecera o número de seu telefone celular para Elizomarte, e eram grandes as chances de ele ter dado essa informação aos policiais.

O Véio deu um único telefonema para Edimar, perguntando se havia percebido algo de estranho nos arredores da casa. Reiterou os votos de prudência, porque parte do trabalho havia estragado. Edimar entendeu o recado, respondendo que a fé em Deus e nos irmãos o fortalecia, e que não tinha medo do sistema.

A transportadora J.E. de São Paulo ficava às margens da Rodovia Fernão Dias. Pessan, o gerente, estava ocupado com um telefonema do banco, tentando negociar o pagamento de um cheque devolvido por falta de fundos. O funcionário da agência bancária se mostrava simpático, mas determinado a rejeitar o cheque. Não era a primeira vez que tal equívoco acontecia.

Nas outras ocasiões, a instituição financeira tivera a palavra do próprio Zé Charles, dono da empresa, de que nunca mais faltaria com suas obrigações. Pessan pedia apenas mais alguns minutos para que pudesse conversar com seu patrão e conseguir a liberação do pagamento.

Por algum motivo que desconhecia, Zé Charles aventurara-se em retornar a São Paulo junto com um dos caminhões-cegonha. Pessan não o repreendeu, mas disse que isso poderia atrasar um pouco a rotina da transportadora, porque sua presença ali era essencial.

A alteração na propriedade da empresa não o deixara satisfeito. O antigo chefe, Elizomarte, apesar de não ser proativo, era mais seguro nas decisões, e nunca faltava com os compromissos. Julgava as decisões de Zé Charles um tanto perigosas, muitas vezes tomadas sem analisar as consequências.

Desligou o telefone com raiva da incompetência do chefe. Tentou ligar para seu celular, mas continuava desligado, ou fora da área de abrangência da rede. "Que merda. Isso é hora daquele idiota querer voltar de caminhão?" Tomara todas as precauções possíveis a fim de evitar a inclusão da J. E. Transportes Ltda. no cadastro de mal pagadores. Quando Zé Charles chegasse e tivesse conhecimento disso, teria como demonstrar sua inocência plena, e provar que tudo ocorrera somente porque ele estava incomunicável. E se mesmo assim fosse responsabilizado pelo erro do chefe, estava com seu pedido de demissão pronto para ser pronunciado.

– Esse pessoal do Ceará não está acostumado com trabalho duro. O negócio deles é água de coco e praia.

Saiu da sala para perguntar à secretária se tinha notícias de Zé Charles. A mulher respondeu que não, e informou que alguns homens também esperavam na recepção a chegada do patrão para levar alguns veículos que ele trazia.

Pessan não queria atendê-los, para evitar desculpas. Não sabia como justificar a ausência de informações sobre a viagem. Mas, se fosse sincero e compartilhasse a preocupação sobre o atraso, talvez se sensibilizassem com o ocorrido.

– Eles disseram ser amigos do Seu Zé Charles.

Amigos o suficiente para relevarem a incompetência da empresa? A depender do grau de intimidade entre eles, poderiam até compreender o caráter impulsivo do chefe, ou ajudá-lo a entender a viagem inusitada.

– Estamos tentando falar com Zé Charles desde a manhã. Aconteceu alguma coisa? – Moisés foi amigável ao perguntar, demonstrando inquietação diante do funcionário.

– Também estou preocupado. A firma está parada desde segunda-feira por causa da ausência dele. Vocês são de alguma revendedora? Quais são os carros de vocês?

Moisés respondeu ser três L200 e um Citroën, e que eram veículos particulares, comprados por eles mesmos.

Tiganá, o amigo que o acompanhara na fuga do Carandiru, mantinha-se quieto ao seu lado, avaliando com os olhos a figura do funcionário. Pessan comentou que Zé Charles sempre viajou de avião entre Fortaleza e São Paulo, e não havia entendido o motivo de tamanha alteração na rotina. Estranhou a aparência de Tiganá, sua pele escura e as tatuagens que trazia no braço. O boné de crochê escondia uma cabeça raspada, enquanto as roupas aparentavam ser dois números acima do seu tamanho.

Pediu desculpas pela demora na entrega da mercadoria, e garantiu que aquela situação era atípica. O motorista era de confiança, e profissional de extrema competência. Provavelmente, algo inesperado deveria ter acontecido. E torcia para que não fosse nada de ruim:

– Vocês não sabem como tem ladrão naquele Ceará. Botam São Paulo no chinelo. Aquilo é terra de ninguém, onde não tem polícia, promotor nem juiz. Cada um se defende como pode.

– Importa-se se esperarmos aqui?

Pessan sugeriu que voltassem mais tarde, ou então, para evitar o incômodo da espera, que poderia lhes telefonar assim que Zé Charles chegasse da viagem, mas os homens preferiram a angústia da espera dentro da empresa. Ofereceu-lhes água e café, e voltou ao escritório.

Interrompeu a secretária, que conversava com alguém ao telefone sobre um roubo milionário a um banco acontecido recentemente: – Eu teria coragem de me casar com algum desses bandidos. Bem, agora eles são milionários.

Perguntou sobre a localização do chefe. Ela balançou a cabeça, mostrando que suas tentativas de contato restaram infrutíferas. Apesar dos inúmeros recados deixados na secretária eletrônica, ele não retornara as ligações.

De sua mesa, pôde ver quando um dos homens, que aguardavam a chegada de seu patrão, acendeu um cigarro enquanto falava pelo celular de forma afoita. Os gestos eram de quem estava preocupado. E ouviu quando ele disse: – Sumiu! Sumiu!

Em sua sala, Pessan pegou a documentação dos veículos que Zé Charles estava trazendo. Viu a descrição das três L200 informada pelos homens da recepção. No total, somavam quase 500 mil reais. Era estranho como alguém que usava boné de crochê poderia tê-los comprado, considerando a aparência dos clientes que costumavam retirar pessoalmente os veículos desse porte.

Ao verificar a placa do Citroën, lembrou-se de algo.

Aquele era o mesmo carro que Zé Charles havia pedido para enviar com urgência para Fortaleza há alguns dias. Tão urgente, que não esperou sua chegada, e foi ao seu encontro na carreta. Mandou o motorista descarregá-lo ali mesmo, na estrada, e continuou o trajeto dirigindo-o sozinho pelo resto da viagem.

O Citroën seria entregue na loja de Elizomarte. A pressa de Zé Charles mostrou-se estranha, porque o ex-patrão, apesar de descompromissado com o trabalho, não tinha o hábito de deixar nada atrasado. Mesmo quando questionado, Zé Charles nunca explicou o destino daquele carro. De qualquer forma, agora ele estava voltando, e aqueles homens se diziam seu proprietário.

Pouco antes das seis da tarde, os funcionários se preparavam para o fim do expediente. Moisés e Tiganá perceberam a movimentação, e foram ao escritório dizer a Pessan que também iriam embora.

– Eu vou ficar até ele chegar. Querem deixar o número do celular de vocês para eu avisá-los?

Na verdade, não era o atraso de Zé Charles que faria Pessan trabalhar até mais tarde. A quarta-feira era o dia de seu rodízio, e por isso estava proibido de rodar por São Paulo em seu carro até as 8 horas da noite. Encontrou nessa desculpa um modo conveniente para mostrar aos amigos do patrão sua dedicação à firma.

Tiganá pressentiu que o atraso nunca terminaria. Moisés compartilhou a certeza:

– Já era! Agora temos que nos cuidar.

Com a queda de Zé Charles, começava a ser cronometrado o tempo para serem pegos. O xadrez seria inevitável, por isso, quanto mais dinheiro conseguissem esconder, mais ricos seriam quando saíssem do cárcere. Com a usual tranquilidade, o Véio disse que deveriam retornar imediatamente a Fortaleza para trazer o restante do dinheiro, enquanto a polícia não o encontrava.

– O Partido está feliz com o serviço. Agora, só precisamos avisá-los que a correria começou, e nossa hora de voltar para o sistema se aproxima.

Véio comprometeu-se a avisar o Gordo e os outros que os acompanharam. A quantia que trouxeram nos carros bastava para comprar um exército e mantê-los financeiramente tranquilos pelo resto de suas vidas. Mas ainda não era nem metade do que haviam deixado escondido no buraco da casa de Edimar. Os irmãos, contentes com a arrecadação, mandavam salves de todos os presídios do Estado de São Paulo, vangloriando a competência do grupo.

Nunca arrecadaram tanto em tão pouco tempo. Um dos Torres – liderança responsável por decisões de gestão – organizou uma pequena rebelião no cadeião de Pinheiros para homenagear a coragem dos ladrões do Banco Central.

Em retribuição, os detentos receberam carne e barris de chope para um churrasco no fim de semana. A penitenciária de Avaré também não faltou nos festejos de laureamento dos irmãos: proibiram o ingresso dos presos faxinas por três dias no pátio de sol. Na outra semana, receberam pelos correios, via sedex, toneladas diárias de todinho, mortadela e mussarela.

Carcereiros e agentes penitenciários não tinham do que reclamar. Seus minguados salários eram dobrados pelo Partido para permitirem a entrada de regalias como aquelas. Já o governo era indiferente, desde que as rebeliões não fossem violentas a ponto de repercutirem negativamente na mídia.

Naquela noite, Moisés chegou em sua casa, no bairro do Tatuapé, para tomar um banho e dormir. A entrada tinha grades altas que chegavam até o teto da varanda, fechando toda a frente do imóvel como uma caixa impenetrável: "Ladrão gosta de estar fechado". Um sobrado arejado, com amplos vitrôs frontais.

Ao descer do carro, Moisés atendeu seu telefone celular. Era Fê, convidando-o para passarem momentos agradáveis ao lado das prostitutas do Café Photo. Teve que declinar do convite, pois no dia seguinte estava escalado para voltar ao Ceará e trazer mais dinheiro. Mas não falou nesses exatos termos pelo telefone.

– Valeu, mas amanhã tenho que viajar para lá. Se eu fosse você, iria no Bahamas ao invés do Café Photo. As putas do Café são lindas, mas só querem alguém que as sustente. Além disso, não dão o cu.

– Nem pagando?

– Cu não se compra. Se conquista. Se é para sustentar alguma mina, quero que ela me de o cu porque gosta disso, e não porque eu compro. Cu comprado é putaria!

Fê riu e lhe deu razão. Moisés subiu as escadas que ligavam a varanda à entrada da casa, rindo e se despedindo do amigo. Após desligar, colocou a chave na fechadura para abrir a porta. E lembrou-se de que o chefe da equipe de segurança do Café Photo era um delegado federal.

Mesmo munido com dinheiro para comprar o bar inteiro, o perfil rude do sujeito é facilmente percebido pelos funcionários. As meninas do lugar preferiam prestar seus serviços de entretenimento para pessoas mais discretas e sensíveis. Apenas as mais corajosas submetiam-se à lascividade exagerada do ladrão. Apesar de com eles a rentabilidade ser maior, a aparência de periferia as assustava.

Ao abrir a porta, pegou o celular para pedir a Fê que abandonasse a ideia da noitada naquele lugar. Seu comportamento pródigo na certa chamaria a atenção dos policiais que ali faziam bicos.

Esse pensamento lhe retirou a prudência por alguns segundos. Com meio corpo dentro da casa, enquanto esperava a ligação ser atendida, e ainda cego pela penumbra da sala, foi tomado por mãos fortes em seu pescoço que o derrubaram no chão.

Antes de se defender das agressões, seu corpo reagiu com movimentos reflexos para evitar lesões durante a queda.

Rapidamente dominado, sentiu o cano gelado de uma pistola forçar sua boca e tocar seus dentes, enquanto um joelho pressionava seu pescoço com o peso de um dos agressores. Mãos fortes percorreram seu corpo em busca de armas. Uma delas encontrou a 765 que trazia na parte da frente da cintura. Viraram-no de bruço, tiraram suas calças e o algemaram.

– Cala a boca, ladrão! Tua casa caiu!

"Chegaram", ele pensou, com o rosto amassado contra o chão por causa de um sapato em sua nuca. Moisés dizia que estava tranquilo e que não devia nada. Ouviu o barulho característico de uma Blazer estacionar em frente à casa, suas portas abrindo e pessoas caminhando até o interior da residência. "Caralho. Que vacilo. Como não percebi essa viatura lá fora?"

Dois homens, sem pressa, subiram as escadas e fecharam a porta depois de entrar.

Apesar de não acenderem a lâmpada, a luz da rua que atravessava as janelas permitiu que Moisés contasse quatro algozes. O mais gordo, que parecia exausto, sentou-se no sofá. Por alguns segundos, forçava o foco dos olhos para tentar reconhecer o rosto daquelas pessoas.

– Olha para baixo, ladrão! Quer tomar um pipoco na cabeça?

Para Moisés, o homem que pisava em sua nuca era o mais afoito. Era provável que fosse mais novo do que os companheiros. Já o outro, que o abordou, sentou-se no chão, perto dos seus pés, enquanto analisava a arma que encontrara durante a revista.

Levantou-se com dificuldade e caminhou até a janela para analisar melhor a pistola sob a luz da região. Tirou o carregador, desarmou o ferrolho e extraiu a bala da câmara.

– Tá raspada. Nem precisamos gastar a cabrita com ele – os policiais haviam trazido uma arma com a numeração adulterada para colocar nas mãos de Moisés, caso fosse necessário levá-lo preso por algum motivo, o que agora se tornava desnecessário.

Eles já deviam ter revirado a casa inteira em busca do dinheiro, e era provável que já o tivessem descoberto. Moisés estava precavido. Como esperava que os policiais chegassem a qualquer momento, a quantia que estava escondida ali era justamente o dinheiro da polícia. Sua cota particular e a do Partido já tinham sido distribuídas.

– Foi lindo o trampo do Banco Central, Tatu – disse o homem sentado no sofá. A espessa barba ganhava mais volume em seu pescoço gordo. Os aparentes pelos grisalhos na cabeça denunciavam a idade. Moisés achou tê-lo reconhecido como um dos policiais para quem costumava pagar por sua liberdade. Mas eram tantos pelos departamentos, e não era prudente deixá-lo perceber que se lembrava de seu semblante.

– Vocês se superaram.

– Senhor, pega a minha parte e tudo fica certo.

O policial que pisava em sua nuca mandou que se calasse, e impôs mais pressão no pé para que soubesse da necessidade de autorização para falar. Os outros caminhavam sem pressa pela casa. Viam seus DVDs sobre a estante, tomavam o suco que estava na geladeira. Um deles verificava o aparelho celular tomado de Moisés, observando todas as chamadas feitas e recebidas.

– Sua parte, Moisés? Porra. Você ficou dois meses em Fortaleza cavando o buraco, furtou quase 200 milhões de reais, e quer que eu acredite que só recebeu 300 mil? É assim que quer começar nossa conversa?

Moisés tomou a frase do policial como um desafio. Guardara na casa três milhões de reais, e não acreditava que tivessem sido tão preguiçosos ao ponto de não procurar pelo resto. Queriam a confirmação de quanto dinheiro o lugar escondia.

– Não foram 300 mil não, senhor. Foram dois milhões. Tá tudo aí. Pode levar. Vocês não acharam?

– Tem dois milhões na casa? – perguntou o policial que estava na cozinha.

O peso do pé na nuca de Moisés foi aliviado, e ele pôde então respirar. Como previra, os tiras invadiram sua casa sem saber ao certo os valores que os aguardavam. A maior paulada que já havia pago a um policial fora de 800 mil reais, e essa era a média do teto da negociação. Mas o caso era diferente. A imprensa noticiara valores estratosféricos, por isso deveria convencê-los logo no início com uma quantia sedutora.

Ao mesmo tempo – por agora ter certeza de que eles desconheciam a quantidade de dinheiro escondida –, poderia proteger pelo menos um milhão da ganância dos policiais, enquanto se contentavam com o que lhes era oferecido.

– Dois é pouco. Cadê o resto?

– É tudo o que tenho, senhor – Moisés conseguiu se sentar. – O valor que o pessoal tá falando por aí é mentira. Tiramos pouco mais de 50 milhões. Mas muita gente trabalhou na fita. O senhor estava nos acompanhando, não estava? Viu quantos ladrões estavam envolvidos? Umas 25 pessoas. Cada um levou o que conseguiu carregar.

– Cadê o resto? – Moisés sentiu um chute irromper suas costelas, dado pelo mesmo pé que antes pisava em sua nuca. Mesmo rolando no chão com a dor, era evidente que os outros policiais reprovavam tacitamente a violência do jovem policial, com olhares de censura.

– Eu juro, senhor. O banco aumentou o valor do furto por causa do seguro, ou então para lavar dinheiro... São dois milhões em notas de 50 reais. Umas duas toneladas de papel. Como ia conseguir trazer mais do que isso do Ceará? É tudo o que tenho.

– Dois milhões de reais? – o tira sentado no sofá interveio com um tom de voz firme. – Sabe por que não fomos conversar com o Véio ou o Fê? Porque eles não são de confiança. Nem o França. São uns otários que aguentam porrada de todo lado para não entregar um servicinho de merda, que não nos renderia dez cruzeiros. Eu estou cansado de matar mãe de ladrão, Tatu.

– Olha, senhor. Eu confesso que tinha um pouquinho a mais, mas já entreguei para o Partido. Levei para umas bocas lá da Brasilândia para distribuírem entre os irmãos.

– Cala boca, caralho. Eu estou falando – o policial interrompeu Moisés. – Eu não quero mais ter que matar mãe de ladrão, Tatu. Eu vou voltar para o DENARC, e essa história vai correr no departamento. Sabe o que vai acontecer? Vai chover policial atrás de você para tomar a sua grana. Vão pegar sua família, do Véio, do Gordo. E enquanto não colocarem a mão em todo os 170 milhões, todo mundo vai sofrer.

– É todo o dinheiro que eu tenho, senhor.

– Você se fodeu sozinho dessa vez, e sem precisarmos armar nada. Podemos te levar em cana agora por causa dessa pistola raspada. Você pega uns cinco ou seis anos fechado de cana, e daremos um jeito de te colocar no RDD. Para piorar, colocamos na sua oitiva que ainda caguetou todo o resto do bando.

Moisés conhecia as mentiras dos policiais. Sabia que, mesmo entregando apenas os dois milhões prometidos, eles iriam embora. Para os homens da lei, era mais vantajoso tê-lo solto pelas ruas, roubando e arrecadando, do que vê-lo encarcerado e inoperante.

– Pelo amor de Deus, senhor. Eu não tenho mais dinheiro.

– Eu não te perguntei se tem ou não dinheiro. Você quer ser preso agora?

– Não senhor. Não quero.

– Então escute nossa proposta. Vamos embora com o que você tem em casa. Voltaremos depois, para buscar mais quatro milhões. Não me interessa de onde vai tirar esse dinheiro, porque sei que tem mais à sua disposição. Peça ao Véio, ao Fê... qualquer um. Peça ao Partido, se for necessário. Mas queremos quatro milhões em dois dias, e ninguém na Polícia Civil fica sabendo que você furtou o Banco Central. Você confia em nós, não confia?

Moisés não tinha saída. Evidente que sua única escolha era concordar, ainda que apontasse as dificuldades para conseguir tamanha quantia em tão pouco tempo.

Todos de acordo, Moisés pediu ao policial sentado no sofá que se levantasse e tirasse parte do estofamento do assento. O tira moveu o corpo sem demonstrar agilidade. Da cozinha, seus companheiros trouxeram facas para rasgar a lona barata. Sem muito esforço, encontraram dois sacos de plástico branco e, em seu interior, o dinheiro esperado.

– Tem mais dois sacos dentro do freezer horizontal lá na cozinha, embaixo das carnes.

Os tiras estamparam sorrisos em seus rostos, enquanto o mais jovem repetia "somos foda", observados por Moisés, ainda sentado no chão com as algemas. Depois de carregarem a viatura com os sacos, o mesmo rapaz perguntou para Moisés onde guardava o pó. A alegria do dia rentável de trabalho desmanchou-se em seu semblante quando o ladrão de banco disse que não usava aquilo.

– Que merda de bandido é você que só serve para cavar buraco e dar dinheiro pros polícia? Precisa relaxar um pouco.

Munhoz

Finalmente, quando os policiais o libertaram das argolas de aço, Moisés pôde alongar os braços e ouvir o barulho da Blazer aos poucos se perder na noite.

Trancou rapidamente a porta da sala. Seu telefone celular tinha sido levado pelos policiais. E mesmo que o tivesse em sua posse, não poderia ligar para os companheiros.

Trocou de roupa e pegou o cigarro. Ao tirar o carro da garagem, demorou na calçada para observar cuidadosamente a vizinhança. Nenhum carro, nem pessoas suspeitas que pudessem vigiá-lo. Partiu em direção à avenida Marginal Tietê com toda rapidez possível. Pelo retrovisor, tentava identificar veículos que o estivessem seguindo. Àquela hora, a via estava livre de tráfego intenso, nem motoboys transitavam.

No bairro da Brasilândia, a Cohab ainda dormia. Apenas o apartamento de Munhoz, um amigo traficante de longa data, estava movimentado. Usuários tocavam a campainha e desapareciam na madrugada após buscarem o pretendido. Cumprimentaram-se como devido e, logo em seguida, Moisés pediu para que enviasse alguém à casa do Véio, pedindo para que viesse até ali. Munhoz, sem questionar os motivos da solicitação, não titubeou.

Chamou um dos foguetes da boca e repassou a ordem. Enquanto esperavam a chegada do Véio, perguntou os motivos de Moisés ter sumido nos últimos meses, e se tudo estava bem. Não se importou com a resposta evasiva que recebeu. Tatu era bem querido no Partido. Por isso, tê-lo devendo favores poderia significar vantagens importantes.

O Véio chegou rápido, de moto. Sozinhos no único quarto do apartamento, Moisés narrou o incidente com os policiais, o preço pago por sua liberdade, e sobre a promessa de voltarem para buscar o resto do valor em dois dias.

Com os olhos fixos no rosto de Moisés, Véio disse que os números de celulares usados até então deveriam ser abandonados. Além disso, era necessário fugir de São Paulo urgentemente.

– Amanhã vamos voltar para buscar todo o dinheiro que conseguirmos. As estradas estão sendo vigiadas em dobro, principalmente agora que descobriram a cegonha. Não podemos contar com o Zé Charles. Ele vai contar sobre nós.

Concluíram que a viagem deveria ser feita em carros mais baratos, menos suspeitos do que as luxuosas caminhonetes. O conforto seria prejudicado, mas a segurança que ganhariam no trajeto valeria a pena.

Para despistar a vigilância, não iriam diretamente para o Ceará. De avião, e sozinhos, alguns iriam para o Rio Grande do Norte, outros para o Maranhão, e o restante para o Piauí. Depois, por terra, chegariam a Fortaleza. Na volta, evitariam a obviedade da BR-116, percorrendo os Estados de Tocantins, Goiás, Mato Grosso, Mato Grosso do Sul e Paraná.

– Conversei com *ele*.

A solenidade do tom na voz do Véio prenunciava a importância do que diria a seguir. Não precisava dar o nome para identificar a pessoa com quem tinha falado. Moisés, por exemplo, tinha certeza de que se referia a um dos líderes máximos do Partido, sem distinguir qual fosse. Qualquer deles responderia como um só, portanto, identificá-los seria desnecessário. O raro privilégio de conversar com *ele* era comungar fisicamente com o abstrato da instituição do Partido.

– Disse estar muito feliz com o serviço. Parece que nenhum ladrão nunca conseguiu arrecadar tanto para a causa, e por isso quer nos receber pessoalmente quando as coisas se acalmarem.

Moisés, em silêncio, aproveitou cada palavra com um prazer infinito. Cair nas graças de uma liderança do PCC significaria ser admirado pelos irmãos com dedicação incondicional. Além disso, nem mesmo a polícia poderia mais tocá-lo. Os tiras sabiam que incomodar um agraciado era abusar do distintivo, porque a resposta seria imediata e intensa.

O policial marcado morreria sozinho, e nem a alta cúpula da Polícia Civil impediria a retaliação. O Partido era pontual e generoso em sua contribuição financeira para manter o governo e a ordem pública no Estado, por isso sua presença era imprescindível. Polícia, governo e o Partido eram eternos, cada um em suas próprias realidades.

Munhoz os aguardava na sala:

– Eu queria agradecer a amizade de vocês. Tenho um irmão de sangue no sistema de Araraquara, e a família passou por muitas dificuldades depois que foi preso. Eu ajudava com o que podia, mas sabe como é. Hoje, a minha cunhada começou a receber cestas básicas e roupas para as crianças. Graças ao Partido.

O Véio demonstrou estar satisfeito com a gratidão do jovem. Gostava de ver pessoas dedicadas prosperarem nos negócios como decorrência do esforço próprio. Moisés perguntou como estava a firma, recebendo como resposta um relatório sobre os rendimentos da boca. O traficante parecia conversar com seus superiores. Sempre com frases positivas, Munhoz estava orgulhoso e impressionava pela ambição. Mas fraquejou quando falou sobre os policiais que faziam a recolha semanal, como se pedisse uma ajuda.

O Véio tentou tranquilizá-lo, dizendo que conversaria com alguns delegados que conhecia na Secretaria de Segurança para que passassem a incomodar outra área. Munhoz agradeceu, dizendo que, fora esse contratempo, o resto do que ocorria ali era rotina simples.

– O que é meu também é do Partido.

Linha da feminilidade

Os moradores do Mandubim não gostavam dos vizinhos recém-chegados. Desde que se mudaram para lá, não havia uma única noite que não fizessem festa barulhenta. Eram homens avessos ao dia e à simpatia. Mulheres entravam e saíam da casa, algumas delas quase sem roupa. Fortaleza era uma cidade de gente festiva, mas o bairro era reduto de cidadãos tranquilos.

Pela sujeira que deixavam na calçada, percebia-se que tinham vícios caros. Sabiam que a casa era habitada por muitas pessoas, mas não era fácil saber qual o número exato. Havia uma movimentação estranha de carros quase todos os dias. Parecia que o lugar era uma casa de veraneio, apenas para visitas sazonais.

Edimar, o dono, pouco se importava em agradar os vizinhos. Certa vez, uma senhora foi à casa, logo pela manhã, pedir que tivessem mais cuidado com o barulho noturno, porque seu neto, um bebê de três meses, estava com dificuldades para dormir. O morador prometeu moderação nos modos. E foi obrigado a cumprir o prometido quando o Véio mandou recado, de São Paulo, avisando que deveriam parar com a exposição. Havia o risco de alguma viatura se deslocar até a casa para fazer valer o sossego de algum vizinho chato.

Zé Charles tinha sido preso há alguns dias, e os paulistas traziam notícias assustadoras de irmãos sendo extorquidos por policiais para entregarem o que ganharam no furto.

– Ainda bem que o Ceará é um Estado com polícia honesta – Edimar comentou certa vez.

Quando os paulistas chegavam, a casa estava sempre limpa, e em nada lembrava as animadas festas que ocorriam em suas ausências. Edimar garantia que o lugar se mantinha discreto, e que as histórias homéricas eram exageros da vizinhança repleta de idosos.

Mesmo após as frequentes visitas, para levar o dinheiro escondido em seus carros, o buraco continuava cheio de cédulas. Parecia que nunca teria fim. O Gordo, quando apareceu, foi o menos despreocupado com reservas sociais, e não se importou em acompanhar Edimar nas comemorações noturnas. Só estranhou o fato de Edimar nunca mais retornar.

Aquela seria a quarta viagem do Véio até Fortaleza. Avisou que dessa vez chegaria com o França, para a rotina de esconderem o dinheiro no carro e retornar para São Paulo. Edimar previu que, talvez, em mais quatro ou cinco carregamentos a casa estaria livre, para seu prazer, como bem entendesse.

Por volta das 4 da tarde, deitado no sofá, ainda guardava na boca o gosto amargo de uma noite insone de cerveja. Aos seus pés, uma moça morena, com feições de criança vestida apenas com roupas íntimas, assistia à novela que passava na TV. Encontraram-se no calçadão da Praia do Futuro na noite anterior. Seu nome era algo entre *Silvia* ou *Silvania.* Carinhosa, garantiu que tinha mais de 14 anos quando foi abordada por Edimar.

Tinham almoçado há algumas horas em uma churrascaria no centro, como Edimar fazia desde que enriquecera. Dada a sua frequência no estabelecimento, passou a ser conhecido pelos garçons como "o homem das oncinhas", em alusão à imagem do animal presente nas notas de 50 reais com as quais sempre pagava suas contas e gorjetas.

O calor da primavera da cidade ajudava a fermentar a preguiça. As pestanas pesavam, embaladas pela voz de uma atriz que reclamava de algo na TV, trazendo outra dose do agradável sono vespertino.

Ouviu o barulho da porta da sala se abrir, e, por um instante, julgou ser aquele o som de mais um artifício da trama da novela. Embriagado pelo sono que se aproximava, a visão de quatro homens desconhecidos entrando na casa o acometeu de súbito medo. Inflou os pulmões a fim de despertar e ter certeza de que as figuras estampadas na moldura da entrada eram apenas sonho.

Apesar de não saber quem eram, o modo seguro como portavam armas nas mãos não deixava dúvidas, o inevitável finalmente tinha acontecido: a polícia chegou.

A menina se levantou com pressa para se proteger atrás do corpo de Edimar. Ele tentou se ajeitar, ao mesmo tempo em que dois dos homens percorreram os cantos do recinto. Quanto aos demais, rapidamente se aproximaram de Edimar.

– Quieto, Edimar. Quieto! Vamos resolver isso logo.

O sotaque truncado daquele homem pálido não deixava dúvidas de que era policial de São Paulo. Edimar lembrou-se das histórias contadas por Moisés, sobre a ganância da Polícia Civil paulista, que fazia seus integrantes realizarem coisas impensáveis até mesmo para a bandidagem.

Vieram de longe para participar do furto. Temeu pela fama de violentos que ouvira dos colegas. Contaram ainda que, dependendo da índole do policial, bastava pagar o que pediam e tudo terminava bem. Por isso passou a torcer para que esses que invadiram sua casa quisessem apenas o dinheiro.

Mas não poderia entregá-lo sem fazer nada. Sua responsabilidade era protegê-lo a todo custo, independentemente da dor que isso provocasse. Logo mais também seria preso, então deveria, agora, ainda solto, construir sua biografia de homem corajoso, para que o sistema notasse seu empenho na defesa do Partido.

– Que é isso, porra? É assalto? Isso aqui é casa de trabalhador.

Ao ouvi-lo, o policial mais jovem saltou de onde estava e alcançou o rosto de Edimar com a sola de sua bota. Mesmo caído, continuou recebendo pisadas compassadas em sua cabeça.

A menina, chorando, tentou ajudá-lo, mas foi obrigada a se afastar, após o soco repentino que recebeu em seu couro cabeludo. Foi retirada pelos cabelos até um canto da sala por um policial ruivo que usava uma camisa xadrez. Depois de garantir que ela não reagiria, levantou a camisa e tirou uma arma escura. Fosca. Olhava para as curvas da moça com curiosidade, porque não conseguia identificar sua idade exata. As pernas duras e lisas se encontravam em uma cintura larga e forte.

Vestia uma pequena tanga de renda branca, cuja transparência deixava visível a profunda fenda de sua feminilidade. Mostrou-lhe o cano duro da arma:

– Quer viver? Cala a boca e fica quieta.

Quanto a Edimar, foi arrastado pelas pernas até a cozinha, debatendo-se com os móveis pelo trajeto. Recebia chutes pesados nas costelas e coronhadas precisas no maxilar.

Até aquele instante, nada tinha sido dito que fizesse entender claramente as intenções do grupo. Quando notou que o chão acumulava poças de seu sangue, Edimar se rendeu. Após alguns instantes de tormento físico, os homens pararam, para também descansar. O mais gordo, de barba, encostou-se na pia. Limpou o suor da testa e colocou as mãos na cintura, respirando com rapidez:

– Caralho. Tô ficando velho pra isso.

Olhavam o ladrão, jogado aos pés da mesa, passar a língua pela gengiva, aguardando o melhor momento para começarem a negociar. Absorto na dor, Edimar limpava os olhos com as costas das mãos, tomando o cuidado para não tocar nas doloridas bochechas. Era seu limite.

– Tá lá no fundo. No quartinho. No quartinho!

O sangue de Edimar transformava-se em perdigotos no ar, ao manifestar sua concordância em entregar o que eles queriam.

– Tem alguma arma por aí, Edimar?

– Só um 38, no armário do banheiro do meu quarto.

O policial se aproximou, dizendo que iria procurar pela casa toda e, se encontrasse mais alguma arma, o mataria ali mesmo, a marteladas. Para ter certeza de que se fez entendido, colocou o cano de sua pistola dentro da boca de Edimar, que tentou fechá-la, mas foi obrigado a abandonar a ideia quando um de seus dentes se quebrou com o impacto do aço.

– Só essa. Eu juro que é só essa... Peguem logo o dinheiro que querem, pelo amor de Deus. Me deixem em paz.

Ao ouvir o desespero de Edimar, o policial prostrado na janela da sala, que até então observava o movimento da rua, foi até o local indicado. Sem muita pressa, voltou com o revólver já descarregado. Mostrou-o para a equipe, confirmando que não encontrara outras armas. O homem de xadrez que vigiava a menina esboçou um sorriso e, em voz baixa, lhe disse:

– Você está bem? Quer alguma coisa? Pode ficar tranquila, o Edimar resolveu entregar o que viemos buscar e tudo acabará numa boa. Fortaleza é uma cidade linda, e essa casa de vocês é muito bonita.

Ela chorava sem pudores, o que só aumentava a impressão infantil que causava no policial. Como mantinha as duas mãos sobre o rosto para escondê-lo, seu corpo permanecia descoberto. Temia olhar nos olhos do homem que a vigiava.

– Posso fumar?

Ela não respondeu, e seu choro foi entendido como uma autorização tácita.

No quarto dos fundos, Edimar pedia que não machucassem a menina. Ao tentar dizer que todo o dinheiro conseguido no banco estava ali, quase não conseguiu terminar a frase. Mãos agarraram com força seu pescoço e, no limiar da inconsciência, sentiu uma joelhada na boca de seu estômago.

– Otário! Acha que enfrentamos a viagem pra essa merda de lugar sem ter nada nas mãos? Você vai cavar o buraco, e se não encontrarmos a grana que viemos buscar, te enterro lá mesmo.

Os três homens acompanharam o som oco das marretadas dadas por Edimar no chão de piso frio. A cerâmica cedia fácil, estilhaçando cacos coloridos pelo lugar. Abaixo, o cimento resistia com mais vigor à violência. A presença das armas nas mãos dos policiais fez Edimar entender que as dores que sentia em seu corpo não deveriam ser motivos para não escavar.

Um pequeno buraco redondo logo apareceu, deixando à mostra parte de um saco plástico. Com a visão do interior, o policial de camiseta preta não conseguiu esperar a lentidão dos trabalhos de Edimar, tomou-lhe a ferramenta e começou a romper o solo com suas próprias forças. Em pouco tempo todos perceberam ter sido aquela a melhor escolha, pois o buraco rapidamente transformou-se em uma grande cratera. Logo, conforme a rachadura aumentava sua boca, o espaço útil disponível para ficarem no quarto foi se reduzindo a um pequeno quadrado próximo da porta.

A superfície do lugar, se antes era dura por causa da frieza da pedra, agora tornara-se suave ao tato com a leveza das ondulações dos sacos que brotavam do chão.

– Quanto tem aqui?

– Uns 23 milhões. Tinha mais uns 60, mas o pessoal de São Paulo já levou para o Partido.

– Sessenta milhões? Não é à toa que esse Partido está tão poderoso em São Paulo. E o resto?

– O resto já era. Foi tudo dividido entre quem trabalhou na escavação.

– Quem levou mais? O Tatu? O Véio? O Gordo?

– Todo mundo levou igual.

O policial percebeu a mentira de Edimar. Poderia fazê-lo falar tudo o que desejava ali mesmo. O processo seria demorado, porque ladrões de banco costumam ser fortes no pau-de-arara. Aquele, por exemplo, suportara pancadas que fariam qualquer um confessar coisas que nunca fez. Mas havia tanto dinheiro para carregar as viaturas, que não teriam tempo para colher seu depoimento. O que viram ali era o bastante para se aposentar e começar a trabalhar só pelo prazer de ser policial.

– Já veio alguém da Polícia Federal para pegar uma parte?

– Ainda não.

– São uns otários. Perdedores. Vão ficar sem nada.

Uma após a outra, três caminhonetes Blazer de cores escuras foram estacionadas na garagem da casa. Carregadas com os sacos, notaram que o buraco não tinha sido completamente esvaziado. Mais da metade do dinheiro teria que ficar em seu esconderijo, por falta de meios de levá-lo.

Arrependeram-se de não ter trazido pelo menos mais um carro. Afinal, eram quatro homens. Cada um poderia ter vindo em uma viatura. Apesar do descuido no planejamento, conformaram-se quando contabilizaram o que tinham ganho até então. Além disso, existia a chance de poderem interceptar outros membros da quadrilha durante muito tempo.

Com o peso da carga, o pneu traseiro de um dos veículos encostou na lataria do para-lamas. Não poderiam transportar o dinheiro dessa forma até São Paulo, e esvaziá-lo era uma hipótese incogitável. Decidiram que pelo menos um deles retornaria de avião, para dar espaço aos sacos no interior do carro. Com a completa escuridão dos vidros e a proteção dos distintivos, não teriam que se preocupar com abordagens de policiais de outros Estados durante a viagem.

– Doutor, se o senhor preferir, pode ir de avião. Nós nos encontramos em São Paulo.

– Tá louco? Não saio de perto desse dinheiro por nada desse mundo. Vou vigiá-lo até lá. Não duvido que vocês inventem uma história de que foram roubados só para sumir com ele.

Todos riram, sem preocupações, e o policial designado para viajar por via aérea não relutou. Por ser o mais novo, sabia que não receberia o mesmo que todos os outros, e tinha de aceitar menor participação nos lucros. Pensou em sequestrar a menina que até então vigiava, para obrigar os ladrões a entregarem mais dinheiro. Mas haviam decidido que aquela diligência não comportaria esse tipo de conduta. Em terras desconhecidas, não haveria tempo para encontrar um local seguro para esconder a garota, e tampouco teriam a proteção dos colegas policiais da instituição caso algo desse errado. Seria preferível matar a ter que se preocupar com a logística de um sequestro.

Apesar da idade avançada dos outros policiais, aquela equipe sempre ficava com os melhores trabalhos. O rapaz, logo após voltassem para São Paulo, pretendia sair da narcóticos e ir para a delegacia de roubo a bancos, onde se dizia que o companheirismo obrigava a divisões mais iguais. Com o dinheiro que conseguira nesses últimos dias, poderia comprar sua vaga. Alguns delegados brigariam para tê-lo como investigador.

– Edimar, venha cá. Você precisa ter cuidado com as amizades. O trabalho que vocês fizeram foi admirável, mas tinha muito traíra envolvido, daqueles que abrem o bico sem levar nenhum tapa. Olha só de onde viemos para encontrar você e o dinheiro, sem dificuldade alguma. Logo, outros polícia vão bater na sua porta atrás do mesmo serviço. Nós sabemos que tem muito mais pela casa e com seus amigos. Mas não nos interessa. Estamos em paz. De nossa parte, ninguém vai saber o que ocorreu aqui, nem quem é você, entendeu? Vamos embora, e esse assunto morrerá aqui.

– Eu agradeço a palavra dos senhores. Mas, por favor, vão embora.

Véio é preso

Moisés, França e Véio chegaram de táxi à casa de Edimar pela manhã. O telefonema do amigo cearense os tinha deixado preocupados. Disse-lhes que policiais de São Paulo haviam lhe tomado grande parte do dinheiro escondido, e que prometeram voltar.

Desde que ele próprio fora abordado por policiais paulistas, Moisés sabia que não demorariam a chegar a Fortaleza.

– Só não levaram tudo porque a cidade não era a área deles – Edimar dissera, alertando-os que tinham de ser rápidos em retirar o que sobrou.

– Logo voltarão de caminhão – alertou o Véio.

Alemão foi o primeiro a aparecer na residência, alguns dias antes, e retirou certa quantidade dos valores. Convenceu os amigos a levar parte do dinheiro para um sítio próximo, para evitar que perdessem mais pelas mãos dos tiras.

Edimar estava com os olhos roxos, e grande parte de seu rosto estava inchada. Não foi preciso perguntar a origem dos ferimentos:

– Você foi um homem corajoso – França disse, observando os ferimentos com cuidado.

Sensibilizados com seu estado físico, mandaram-no viajar por uns tempos para se recuperar. Outra pessoa do grupo poderia cuidar da casa durante sua ausência.

– Tô nessa até o fim.

Todos admiraram tamanha força de vontade. Disseram-lhe que fariam questão que o Partido reconhecesse sua dedicação, mas que naquele momento o lugar precisava ser protegido por alguém menos enfraquecido. Edimar resignou-se com o pedido, fazendo questão de frisar que sua vontade era de permanecer ali. Se ele iria viajar, seria porque o Partido assim achava melhor, e não por causa das dores.

Confirmaram que Elizomarte, o dono da loja onde compraram os primeiros veículos, continuava preso, bem como Zé

Charles, o dono da transportadora que os levara para São Paulo. E o motorista do caminhão-cegonha estava solto. Alemão tinha dito que ele não traria problemas, porque fora pego de surpresa, e nada sabia sobre o grupo.

– Um coitado sem rumo – garantiu.

Quanto a Deusimar, o ex-segurança do banco, soube-se que ainda morava em Fortaleza e vivia de emprestar dinheiro a juro. O grupo tentara falar com ele, mas não atendia. Trocou de celular e de amizades. O Véio entendeu aqueles modos como ingratidão, e mandou avisá-lo que não deveria se esquecer do compromisso firmado com o grupo. Alemão, o mais próximo de Deusimar, afirmou que ele estava apenas assustado com a polícia, mas que não havia esquecido dos paulistas.

Aguardavam a chegada de outros homens, que trariam uma Pajero, uma Montana e uma Strada, compradas na última semana por Edimar, para ser carregadas e então seguirem a viagem para o sul.

Moisés partiria primeiro, e deveria seguir por Tocantins, enquanto o Véio e o França pegariam rumos distintos. O número exato de sacos que caberiam nos veículos foram trazidos para a sala e recolocados em embalagens de farinha de trigo.

Era possível acondicionar de 15 a 20 sacos nas caçambas sem muitos problemas, dependendo do veículo utilizado, devidamente protegidos por pesadas lonas. Para o fisco, as notas fiscais falsas diziam que a carga era farinha de trigo verdadeira. Nessas viagens, não escondiam mais os valores no estofamento, como fizeram da primeira vez. Consideraram que a demora com este trabalho seria muito grande, e a quantidade de dinheiro levado não valeria a pena. Tinham agido dessa forma nas últimas vezes, e não tiveram problemas.

A Montana foi colocada na garagem, ao lado da Kombi que usaram no furto. As pessoas que conduziram os carros até a casa de Edimar foram convidadas a ajudar no carregamento da farinha, e aceitaram pelo preço de 100 reais cada um.

Completada a capacidade da caminhonete, Moisés abriu o portão para retirá-la da garagem e começar a extensa jornada que o levaria a São Paulo. Reclamou consigo mesmo do calor insuportável que fazia naquela tarde, e que dias quentes como aquele só poderiam ser encontrados no inferno.

Ainda com o pensamento em demônios, olhou a profundidade da rua. Sob as ondas do ar quente que subiam do asfalto, pôde ver um carro escuro parado a alguns metros da casa. Forçando os olhos para enxergar através do vidro enegrecido pela película protetora, notou a movimentação de figuras masculinas em seu interior.

Teve certeza de que aquelas pessoas o encaravam, mesmo não podendo distinguir os olhos, a boca ou o nariz dos ocupantes.

Uma sensação ruim o fez fechar o portão devagar. Ao virar-se, notou outro veículo, também escuro, na esquina oposta. Seu para-brisa era transparente. Por breves segundos, viu, lá dentro, quatro homens olhando fixamente em sua direção, um deles segurando algo como um celular perto da orelha. As portas do carro se abriram com rapidez.

Moisés não esperou para ver quantas pessoas sairiam do carro. Enquanto fechava o portão, ouviu as portas do outro veículo também se abrirem, e vozes gritando:

– Parou! Parou!

Atravessou a varanda, esbarrando em um dos rapazes que tinham ajudado no carregamento. Ao atingir a sala, encontrou o Véio voltando da cozinha.

– Fodeu! Os homens tão aí!

O Véio deixou cair o copo d'água que trazia na mão, derramando o líquido em cima do sofá. Ao olhar pela grande janela, ouviu vozes vindo da rua que gritavam palavras decididas. Toda a garagem era protegida por um teto de laje que se estendia até o muro frontal. Não haveria meios de eles entrarem sem derrubar o portão.

Desesperado, Véio acompanhou Moisés na fuga para os fundos do imóvel. Não encontrou França nem Edimar pelo caminho, por isso gritaram para que ouvissem:

– Sujou! Sujou! Vamos embora!

Percebendo incoerência nas atitudes dos paulistas, o rapaz que trouxe a Montana resolveu obedecer às determinações vindas de fora da casa, porque eram de pessoas que se diziam policiais. Ao destrancar o portão, foi levado ao chão pela pancada da grossa placa de ferro se abrindo em seu rosto.

Uma multidão de pessoas armadas invadiu a casa, mandando todo mundo que encontravam se deitar no chão. O grupo que foi em direção aos fundos viu, junto ao muro, cadeiras, que certamente serviram de apoio para pessoas o saltarem.

Esforçando-se para vencer a altura da parede, um homem de aparência velha tinha os braços ralados por não conseguir subir. Desajeitado, e na metade do caminho vertical, foi puxado pela roupa sem demonstrar resistência, sendo imediatamente dominado.

Já outros dois policiais escalaram com rapidez e agilidade e, quando já estavam em cima do muro, puderam ver, do outro lado, no chão do quintal da casa vizinha, Edimar, deitado e sangrando. Estranharam a intensidade dos ferimentos que apresentava, pois não pareciam ter sido adquiridos na queda. Os olhos roxos, o rosto inchado e com dentes quebrados. Reclamava tanto das dores, que chegou a oferecer as mãos para ser algemado.

– Já era, Edimar. Perdeu.

Pelo sotaque carioca do policial, Edimar imaginou que finalmente a federal tinha chegado.

A picanha no prato do Partido

Sentados na churrascaria, Moisés e Fê observavam o bailado dos garçons com os grandes espetos que traziam nas mãos, nos quais carregavam pedaços de carne com desenvoltura. As sobrecoxas de frango pareciam suculentas, pintadas de um tenro dourado, pingando tempero ao serem cortadas nos pratos dos clientes. Moisés lembrou-se do Véio, que deveria estar pendurado em algum pau-de-arara da Polícia Federal.

– O Véio já te ligou? – perguntou Fê.

– Ainda não – Moisés respondeu, limpando a boca com a língua. – Vai demorar um pouco, porque ele é durão e não vai dar o serviço. Só vão mandá-lo pra cela quando tiverem certeza de que não falará.

– E o Edimar?

– Também não ligou. Mas esse eu acho que não aguenta muito tempo pendurado. Vai morrer logo.

Quanto ao França, a resposta de Moisés foi um silencioso balançar de cabeça, que não se distinguia entre o positivo e o negativo. Estava preocupado com o pedaço de carne que mastigava, por isso não queria alongar a análise sobre o futuro dos companheiros.

Passados quase dois meses do furto, parte considerável de seus organizadores havia sido capturada pela polícia. O Véio tinha sido preso em Fortaleza, quando se preparava para retornar a São Paulo com nova remessa de dinheiro. Moisés estava com ele, mas foi ligeiro e escapou, deixando na casa cerca de 12 milhões, escondidos em um buraco. Mesma sorte não tiveram Edimar e França.

Os paulistas que restaram receberam a notícia de que não podiam mais voltar para o Ceará, já que o principal esconderijo dos valores tinha sido descoberto. O principal, mas não o único. Parte deles foi transferida por Alemão para um sítio, que só ele conhecia. Fê e Moisés não estavam preocupados com o destino dessa quantia.

Desde a prisão do Véio, Fê sentia-se mais solitário do que de costume. Moisés avisou que desapareceria por uns tempos. Já Alemão, ninguém estranhou quando deixou de dar notícia.

– Já sabe para onde vai, Tatu?

– Sei, e estarei bem. Você também deve viajar uns tempos. Com o Véio preso, será difícil segurar a caguetagem dos outros. Não confio no Alemão nem no Deusimar.

Moisés recomendou a Fê que contratasse seguranças. A Polícia Civil sabia do envolvimento dos paulistas no furto e, para piorar, estavam cientes da facilidade de se conseguir resgates com o grupo. O melhor seria fugir, antes que lhes tirassem todo o dinheiro.

– O ano que vem haverá eleições, e os tiras serão mais cobrados para arrecadar verbas extras para as campanhas. Isso aqui vai virar um inferno – Moisés cortou um pedaço de picanha maturada com os dentes, segurando com um garfo a parte que se soltaria de sua boca. Fê virou sua quarta taça de chope. Quando Moisés perguntou se estava com medo, ele respondeu:

– Por que não zeramos esses filhos da puta?

– Porque não estão sozinhos. Eles devem muitos favores para o Partido. Muitos postos de combustíveis da cidade vendem combustíveis adulterados só porque dividimos os lucros com uma galera do DEIC. As maquininhas de videopôquer sustentam nossos irmãos, mas também é só com esse dinheiro que os policiais conseguem comprar suas algemas. Matar um deles é matar um do Partido.

Era difícil para Fê entender a lógica dos negócios. Como poderiam se igualar a pessoas como os tiras? Uma coisa era ser um bandido declarado, que vai para a rua armado e coloca o cano na boca de alguém para lhe tomar um dinheiro. Outra era se fazer passar por bom moço, usar um distintivo e ter autorização do Estado para botar o cano na boca de alguém e lhe tomar o dinheiro.

Mas, se Moisés havia dito para não arrumar confusão, era o que deveria ser feito. Com a prisão do Véio, ele passara a ser a principal voz do Partido aqui fora. Era uma posição de respeito, apesar de os policiais ainda não entenderem a importância de tal situação. Caso Moisés fosse pego novamente, não lhe dariam a chance de outro acerto. Na certa, seria preso ou morto.

Não tinham notícias de Alemão há um mês. Era o que se esperava dele, agora que o Véio não lhe fazia mais cobranças. Acreditavam que, por conhecer o lado de dentro do sistema, mesmo se fosse pego não teria coragem de delatá-los. Apesar de ele sempre dizer que se considerava preterido pelo Partido por ser nordestino, sabia do que os irmãos eram capazes de fazer aos que faltam com a responsabilidade.

Da pressão da polícia ele conseguiria fugir, sendo preso. Do ódio do Partido, só escaparia se morresse. Fê disse que ele tinha sido visto em São Paulo, morando com a irmã.

– É ela quem vai derrubar a casa dele – concordaram. Envolver mulher nos compromissos profissionais era um erro que só amadores cometiam.

O Gordo, durante seu único retorno para Fortaleza, fora sequestrado por policiais cearenses. Precisou entregar os 12 milhões que trazia no carro, além de limpar uma de suas contas bancárias como pagamento do resgate.

Quando se encontraram, pediu autorização para não voltar para Fortaleza por uns tempos, até se recompor do susto. Era um homem envolvido com o trabalho, mas não se podia exigir dele muita resistência.

Moisés consentiu, com a promessa de que ficasse em Foz do Iguaçu, recebendo os irmãos que precisassem de ajuda para atravessar a fronteira do Paraguai. Resolveu lhe dar um voto de confiança e entregar um posto regional para coordenar. Em uma urgência, o próprio Gordo deveria fugir para outro país e se esconder na zona rural. O Partido tinha grandes planos para aqueles homens e, por isso, era necessário manter a influência no sudeste do país.

Fê pediu ao garçom que tomasse providências quanto à taça de chope que havia pedido e que não recebera:

– O serviço desse lugar é péssimo – riu sozinho de seu comentário. Depois de um silêncio, disse admirar a coragem de Moisés, e o fato de ele agora ser o Torre de São Paulo:

– Você merece, Tatu. Lutou muito para chegar onde está. Eu acho que nunca terei a mesma chance. Sabe que às vezes canso disso tudo? Queria parar um pouco, descansar. Eu tô na correria desde os dez anos. Um pouco de paz cairia bem.

Esperou que Moisés tivesse alguma reação às suas palavras, mas estranhou a indiferença do companheiro, que olhava fixamente para uma mesa do outro lado do salão. Ao virar a cabeça, Fê notou que ele estava concentrado em quatro homens que comiam feito glutões no canto oposto do salão. Um deles, muito gordo, limpava a cerveja que derramara em sua barba.

Já conhecia aquele tipo que não sorria e olhava os garçons com uma superioridade irritante. Celulares em cima da mesa. Na cintura de um deles, sob a camisa, os olhos treinados de um ladrão de banco enxergaram o volume ressaltado do cabo de uma arma.

– Foram eles que te pegaram, Moisés?

– Só tenho certeza do gordo de barba.

O preço daquele rodízio era de 97 reais. Muito caro, e a carne não era tão boa quanto aquela que Moisés comera em Fortaleza. Mas, mesmo assim, teriam que deixá-la no prato e ir embora, antes que os policiais os vissem ali. Fê, que quase não tinha comido, tomou de um só gole sua sexta taça de chope. Deixou cinco notas de 50 reais embaixo do prato e avisou ao gerente que estavam saindo.

Quando se levantaram e se preparavam para caminhar discretamente até a porta de saída, Moisés foi surpreendido por um movimento inesperado de Fê. Sem avisar, o amigo marcou passos largos e seguros através da churrascaria, na direção dos policiais. Não houve tempo para impedi-lo.

De onde estava, restou-lhe observar Fê caminhar decidido. Quando chegou à mesa, cumprimentou-os, com leves batidas nas costas do mais gordo. Os outros, nitidamente assombrados com a ousadia do bandido, levaram as mãos à cintura, prontos para sacar as armas. Só foi possível ver Fê falando, virar as costas, e sair pela porta. Imediatamente os policiais começaram a discutir entre si. Ninguém daquela mesa se levantou para seguir o perigoso ladrão de banco. Um deles pegou o celular e pôs-se a discar.

Não tinha como não admirar a coragem do garoto. Mas Moisés deveria censurá-lo com frases duras e diretas. Retirou-se da churrascaria alguns minutos depois da saída de Fê, para que ninguém notasse que eram cúmplices. Já no carro, a repreensão de Moisés àquela maluquice traduziu-se em palavrões. Fê se manteve calado, como se reconhecesse a culpa por um ato equivocado.

Moisés lembrou-lhe que não deveria agir daquela maneira pois, com sua viagem, a única pessoa a quem confiaria o contato com o Partido seria ele. E se no sistema soubessem da atitude irresponsável que tivera, todo seu futuro estaria em jogo.

Fê não sabia que tinha sido escolhido como Torre do Partido. A surpresa da notícia o deixou feliz, e quis agradecer a confiança de Moisés. Mas estava bêbado demais para demonstrar gratidão e não chorar. Ao mesmo tempo, foi acometido de um mau pressentimento. Por um momento, pensou em pedir para ir para a zona rural, no lugar do Gordo.

– Quando você volta, Tatu?

– Quando for a hora. Até lá, você manda em tudo.

A escolha de Moisés foi tomada por falta de opções. Entre a fraqueza do Gordo e a ingratidão de Alemão, a juventude de Fê parecia a menos perigosa para os negócios. Notou a dúvida nos olhos do rapaz, por isso reafirmou que, se o Partido o escolhera, era devido às suas qualidades de liderança.

Moisés disse que iria entrar em contato com Munhoz, o traficante que lhe devia favores, para pedir que lhe fornecesse pelo menos três seguranças. Recomendou ainda que não se metesse com a polícia, porque eles não o procurariam mais quando soubessem de seu novo cargo dentro do sistema.

De agora em diante, deveria se preocupar em ser menos visto pelas ruas:

– A época de farra acabou. Agora você é quem manda. Quando todos souberem, terão medo de você.

Fê se convenceu das novas responsabilidades. Nunca havia procurado galgar um posto acima do que conquistara, principalmente depois dos bons rendimentos com o furto ao Banco Central. Hierarquia dentro do Partido era coisa pretendida por Moisés e Véio. Ele mesmo só queria descansar com muito dinheiro. Mas não poderia negar o oferecido. Era a chance de se sentir respeitado.

– O que você falou pros polícia?

– Que eu era colega do DENARC, e que a arma dele estava aparecendo.

Erre retroflexo

Alemão soube da prisão do Véio através dos jornais. Desde então, não conseguiu conversar com Moisés. Apesar de próximos, morando em São Paulo, o silêncio entre os dois o fez entender que não deveria aparecer. "Se quiserem ajuda, que me liguem", pensou.

O dinheiro escondido na casa de Fortaleza onde ocorreu a prisão dos companheiros deveria ser descartado, já que caíra nas mãos dos policiais. Por sorte, dias antes havia conseguido convencer o restante do grupo a esconder cerca de 15 milhões em um sítio. Depois que Edimar havia dito que recebera a visita de policiais paulistas na casa de Fortaleza, não seria seguro deixar o dinheiro no mesmo lugar.

Mantinha contato com Marleúdo, por isso lhe pediu que providenciasse um outro esconderijo para o dinheiro que restava, de preferência na área rural, onde julgava que a vigilância seria mais competente.

Geniglei, sua irmã, o acompanhava durante a permanência na capital paulista. Alemão não se acostumava aos modos rudes das pessoas de São Paulo. Sua irmã dizia que não pretendia voltar para o nordeste. Ela gostava dos shoppings, mas não de qualquer um, apenas daqueles com lojas caras, que lhe ofereciam tudo o que sempre quis.

Ali era uma gente branca, bonita, e que sabia se vestir. O frio lhe possibilitava usar bota e cachecol, acessórios que considerava de extremo bom gosto. Tentou fazer o nó que vira no pescoço das jovens que circulavam pela Avenida Paulista, sem sucesso. Era muito difícil conseguir sem a ajuda pessoal de uma delas. Mas Alemão ordenou que não fizesse contato com ninguém na cidade, enquanto tudo não se acalmasse.

Evitava a intimidade com os funcionários das lojas que apresentavam o conhecido sotaque cearense. Ela própria tentava esconder sua melodiosa forma de conversar, e forçava um erre retroflexo em suas frases, na tentativa de copiar a dureza característica da pronúncia que ouvia das gerentes dos comércios, para se fazer igual. Tinha a pele clara e cabelos lisos, como seu irmão. Mas lamentava-se pelo fato de não conseguir se desfazer da sua maneira peculiar de conversar.

Não gostava quando lhe perguntavam se era do nordeste. Apesar de sempre ouvir elogios às belezas da terra natal, São Paulo, sim, era um lugar de gente honesta e ordeira.

Alemão só conseguiu conversar com Deusimar após ligar para seus primos, amigos próximos de Fortaleza. Queria saber por que não mandava notícias há tanto tempo. O ex-segurança confessou estar com medo, afinal, a repercussão do caso era gigantesca, e pessoas já estavam presas.

Ainda estava preocupado com o paradeiro de Siri, Deusimar mentiu, e disse que agora tinha certeza absoluta da morte do rapaz. Para corroborar sua palavra, citou nomes de policiais, traficantes, jornais, e que todos eles eram unânimes em garantir o falecimento do jovem viciado. Estava seguro em prestar tais informações, porque sabia que dificilmente Alemão retornaria à cidade para confirmá-las.

Conversou uma única vez com Fê. Pelo telefone, ele informou que o Partido havia lhe confiado a direção do grupo na ausência do Véio. Alemão não duvidou das pretensões do amigo. Era o preço que pagava por ausentar-se dos negócios durante tanto tempo. Perdera a chance de ser o Torre, e não adiantava agora reclamar sua maior experiência.

Não se importava em ser a sombra do Véio, pois ele tinha uma história respeitável dentro do sistema. Mas submeter-se ao Fê seria inaceitável. Era mais jovem e menos vivido do que ele. Sentia-se traído pelo Partido, mesmo depois de tanta dedicação. Certamente, foi o motivo daquela escolha que fez Moisés também desaparecer.

Chamou Geniglei, e avisou que iriam se mudar para Mato Grosso. Marleúdo tinha lhe recomendado comprar alguns imóveis rurais naquela região.

– Eu vou ficar. Não quero morar no meio do mato.

Geniglei não gostou da ideia de vida reclusa em fazendas do interior. Alemão tentou convencê-la dos perigos de ficar em São Paulo, pois a polícia poderia identificar suas ligações com os comparsas, e não seria difícil machucá-la para conseguir algum dinheiro.

A irmã, apesar de se recusar a acompanhá-lo, estava certa de que viver em fazenda seria a pior escolha. Nunca fora uma mulher rural, e morar distante dos grandes centros só a tornaria infeliz.

Por outro lado, conhecia as histórias de extorsões feitas pela polícia, e tinha medo de ser vítima dos mesmos atos. Chorou, implorando a Alemão para que ficassem. Mas não havia como mudar os planos decididos.

Durante dois dias, Geniglei não saiu de casa. Trancada em seu quarto, não conversava e pouco comia. A imagem da irmã, que antes lhe trazia alegria, era a de uma mulher com um futuro sombrio, e ficava perturbado em saber ser o motivo de sua desgraça.

Não demorou muito para ceder. Apesar de se preocupar com sua segurança, não poderia lhe causar tamanha dor. Por isso, permitiu que ela voltasse a morar em Fortaleza. Conversaria com Deusimar, para que ele contratasse seguranças particulares. Não era o que Geniglei desejava, mas pelo menos estaria em um centro urbano. Poderia voltar a São Paulo todas as vezes que desejasse.

Em pouco tempo, Alemão tinha duas fazendas e um posto de gasolina. Geniglei, de volta ao nordeste, tinha amigas e, em seu nome, motos, carros e algumas casas. Muitos dos bens ela não viu. Eram do irmão, ou de alguém próximo a ele.

– É só assinar – ele dizia.

As amigas estranharam seu desaparecimento repentino. Acharam curioso também o fato de agora ela ter sempre dinheiro vivo para pagar as contas. Mas, como sua generosidade em emprestar sem se preocupar em receber era impressionante, não encontraram motivo algum que a desabonasse.

Para espantar o olho gordo

Quase não havia mais tempo para os prazeres da noite paulistana. Fê tornou-se um homem com os dias ocupados. Rodeado de seguranças, fazia das ordens sua rotina. Conforme Moisés lhe tinha dito, era ele agora quem coordenava os negócios. Por enquanto, não tinha que se preocupar em organizar roubos nem com a comercialização de drogas.

A rentabilidade do furto tinha sido tão grande, que não precisaria agregar mais capital para manter a empresa na respeitável posição que hoje se encontrava.

Passava os dias recebendo telefonemas de irmãos pedindo ajuda. Alguém que precisava de uma escolta para um carregamento, outro querendo arma e munição para realizar uma fita. Coisas simples e cotidianas, mas que poucas pessoas do Partido tinham competência para fazer.

Sentia falta dos amigos. Os novos companheiros, apesar de nunca faltarem com as obrigações, traziam tanta ambição nos olhos, que às vezes não acreditava em sua fidelidade.

Fê era admirado pela posição de destaque dentro do Partido. Mas ele próprio duvidava de seu sucesso. Considerava que pouco tinha feito para chegar até ali. Sua ascensão tinha sido decorrência de dedicação e sorte. Estar ao lado de Moisés e do Véio o ajudou, mas apenas tinha seguido suas ordens. Nada além disso.

Não era como os homens que agora o cercavam, todos eles cheios de planos traçados para conseguir muito dinheiro em pouco tempo. E eles pediam sua opinião, o que o cansava muito, porque em quase todas as oportunidades nada tinha a dizer.

Lembrou-se da italiana que tinha visto em Fortaleza, e comentou com um dos seguranças o quanto as mulheres daquele país eram bonitas. O rapaz sugeriu ao chefe que conhecesse uma casa noturna de Perdizes, frequentada por prostitutas de todas as regiões da Europa.

– Casa só com garotas de programas europeias?

– Com tanta garota de programa brasileira linda, tem gente que prefere trepar em outra língua – comentou o segurança. – Eu, pessoalmente, prefiro ouvir sacanagem em português.

Munhoz lhe telefonara pedindo autorização para "dar um jeito" em um viciado delator.

De dentro do sistema, um irmão dissera que o Centro de Detenção Provisória de Pinheiros estava abalado com uma disputa interna de poderes, e queriam armas para fazer prevalecer a opinião do Partido.

Um ladrão, conhecido do grupo, havia assaltado o filho de um desembargador no cruzamento das Avenidas Dr. Arnaldo e Rebouças, por isso estava jurado de morte pela polícia e pedia apoio para fugir do Estado.

Certo delegado do 19º DP se recusava a encerrar as investigações sobre uma boca de fumo, porque considerava pouco o dinheiro até então recebido.

Em um flagrante de roubo de carga, o advogado que negociava o pagamento do acerto com os policiais tinha ficado com mais da metade do dinheiro pago pelo ladrão.

Policiais militares da 2ª Companhia não queriam receber menos do que os tiras na divisão do dinheiro das maquininhas de videopôquer, por isso começaram a apreendê-las.

Uma delegacia de entorpecentes de uma cidade do interior tinha interceptado um carregamento vindo do Paraguai, e pediam 100 mil para liberá-lo. Depois de pago, pediram mais 150 para não prender o motorista do caminhão.

Investigadores do departamento de capturas tinham inflacionado o preço da liberdade dos procurados e, na delegacia fazendária, as constantes batidas dos policiais estavam diminuindo o lucro dos postos de gasolina.

Moisés estava certo. Ano de eleições é o pior que existe para o ladrão. Não importa o quanto a polícia arrecade, sempre será pouco.

Fê avisou ao segurança que, ao final dos trabalhos, iriam à tal boate das europeias.

Às onze e meia da noite, ele entrou no carro com seus dois auxiliares. Vestia sua melhor roupa, relógio de ouro, tênis de marca famosa e um cordão de prata com um pingente de Cristo pendurado "para espantar o olho gordo".

Trazia consigo uma 765 da marca Glock, arma adorada pelos policiais, mas que só os abonados podiam ter. Os seguranças também portavam armas de fogo, todas nacionais. Fê sempre fizera questão de dirigir seu próprio carro. Tinha trabalhado demais na vida para se deixar conduzir, ele pensava.

Enquanto desciam a Avenida Rebouças, contava aos homens sobre as histórias de Fortaleza. Curiosos, perguntavam sobre o buraco, as dificuldades encontradas, ferramentas. Um deles disse que o ladrão só se realiza quando rouba um banco. O resto era serviço fácil. O outro, sentado no lado do carona, protestou, dizendo que todo serviço era digno, desde que bem-feito.

– Olha aí a casa, Fê – na frente do lugar, um luminoso indicava o nome do estabelecimento: *Happy Night*. A porta era de vidro negra. Em pé, um homem forte de terno escuro verificava os documentos de algumas pessoas que aparentemente pretendiam entrar.

– Alguém conhece o segurança? É polícia? – Moisés lhe falara para tomar cuidado com os policiais que faziam bicos em puteiros.

– Fica tranquilo. Ele é meu chegado. Vou descer para avisar que vamos entrar armados.

Não quiseram esperar ali, parados dentro do carro, que o amigo voltasse. Deram uma volta no quarteirão, e, ao retornarem, ele já os esperava em frente ao lugar. Ao aproximar-se do veículo, o vidro ao lado do motorista foi abaixado.

– Deixe o carro com o manobrista. Tá tudo liberado.

Fê conduziu o veículo por mais alguns metros, até o local onde o manobrista o aguardava para recebê-lo. Desligou o motor, pegou sua carteira e abriu a porta. O segurança que o acompanhava desceu primeiro e olhou em volta, como era de costume.

Assim que Fê se colocou completamente fora do veículo, ouviu o barulho de motores de Blazers se aproximando. Sem reação imediata, teve a visão cegada pelos imensos faróis que, de repente, surgiram na rua.

Duas viaturas apareceram pela frente, enquanto outras duas fecharam a traseira de seu carro.

O segurança que o acompanhava sacou sua arma, mas de nada adiantou, porque teve a cabeça atingida pelo tiro disparado por um dos homens que desceram da viatura. Restava a Fê tentar se proteger sozinho, pois o outro segurança desaparecera.

– Cagueta filho da puta.

Obedecendo às ordens que ouvia, Fê levou as mãos à cabeça e ajoelhou-se no asfalto. As pessoas que assistiam à cena do outro lado da rua agradeciam pela eficiência daqueles policiais, que deixavam de dormir e estar com suas famílias para manter a boa ordem da vizinhança.

Rapidamente algemado, foi jogado no compartimento dos presos de uma das caminhonetes pretas e sem identificação.

– De onde vocês são? DENARC? DEIC?

– Somos do inferno.

Guarda cosa ti resta

Há dois dias Fê não tinha contato com a luz do sol. Trancado no quarto escuro, desconfiava estar na área rural, porque do lado de fora do cômodo somente se ouvia cantos de pássaros e, pela manhã, o cantar distante de um galo. Era possível, também, escutar o som dos veículos dos policiais quando saíam ou chegavam.

Em troca de sua liberdade, primeiro quiseram 2 milhões. Fê telefonou para Munhoz e pediu que pagasse a quantia solicitada. Era como Moisés tinha dito. Bastava pagar, e nada sofreria. A violência só começaria se desejassem informações, o que parecia não ser o caso. O objetivo dos policiais era dinheiro, e não saber sobre o crime.

Um dia inteiro se passara desde que o dinheiro prometido tinha sido entregue. Não havia comido nada, tampouco bebido água durante esse período. Quando notou a porta do quarto se abrir, foi a primeira coisa que pediu.

– Antes, vamos conversar. Com quem está toda a grana?

– Já falei, senhor. Eu fiquei só com isso que entreguei. O resto está com o Partido.

– O resto? Quanto?

– Acho que uns 90 ou 100 milhões.

Os números eram bem maiores do que os policiais tinham imaginado. Mas, nessa quantidade, devia-se calcular também a mentira do ladrão, fator que fazia o valor variar.

– Então, você vai ligar para o Partido e pedir 100 milhões.

Na completa escuridão do recinto, Fê ousou sorrir com escárnio. Onde aqueles policiais estavam com a cabeça? Ligar para o Partido para pedir 100 milhões de reais em troca de sua vida?

O policial percebeu a reação do ladrão. Por isso, fê-lo sentir a frieza de uma barra de ferro ao encostá-la em sua bochecha.

– Você é o único Torre do bando que ainda está solto. Vamos resolver isso numa boa, para que o Partido não perca um de seus melhores homens. Ligue para ele e peça 100 milhões.

Fê estava certo de sua morte. Ligar para o sistema pedindo tamanha quantia seria o mesmo que morrer. Ao mesmo tempo, não ligar seria entendido como um ato de afrontamento à autoridade policial.

A ousadia dos tiras em pedir tamanha quantia diretamente ao Partido o assustava. Sinal de que o limite de respeito entre as instituições estava abalado. Enquanto a extorsão estava somente entre os baixos escalões, a situação era resolvida com diálogo. Mas, afrontar o Partido dessa forma, querendo mostrar ser mais forte do que ele, obrigaria uma resposta à altura.

Enquanto não tivessem os 100 milhões, nada pararia aqueles homens.

Certo tinha sido Moisés em ir embora antes de sua casa cair. Agora pode voltar tranquilo, porque não está vinculado aos líderes da quadrilha. Será só mais um nome para a polícia pesquisar.

"Moisés, filho de uma puta. Me fez de Torre para não morrer. E além disso ficou bem na fita com o Partido, porque os negócios não foram abandonados", Fê esbravejou consigo mesmo.

Até o segundo dia, Fê tinha certeza de que nada falara que pudesse comprometer os companheiros. Ainda se mantinha consciente quando lhe tiraram a roupa e o colocaram pendurado com os joelhos dobrados na barra de ferro que estava no cômodo. Aplicaram choques em sua genitália. Involuntariamente, em meio à dor, sentiu seu corpo esvaziar-se das poucas fezes que continha.

Quando decidiram aumentar a carga elétrica do equipamento, sentiu sua garganta se fechar para o ar.

Foi aí que uma moça branca, de longos cabelos castanhos, entrou no quarto escuro onde pendia seu corpo ensanguentado. Fê já conhecia aquele cheiro. Até que enfim, pôde ver de perto o longo pescoço que fincava raízes no sinuoso decote.

Como uma santa que desatava os nós dos aflitos, retirou-o do pau-de-arara, sentou-se e o segurou no colo. Limpou sua testa dos borrões de dores e livrou seus olhos do inchaço.

– *Non piangere, amore mio. Tutto finará bene.*

Finalmente, Fê pôde ver a luz do dia. A italiana o conduziu pela mão até o poço abandonado no quintal.

– *Guarda cosa ti resta.*

Ele estava ali, no fundo do buraco, jogado entre pedras e barro. A água cobria parcialmente o que tinha sobrado de seu corpo. As pernas não seguiam a orientação normal dos ossos. Fê achava que tinha desaprendido a chorar, porque não se lembrava mais quando tinha sido a última vez.

– Acabou? – Fê perguntou.

– Sim.

Não demorou muito para Alemão perceber que a lida na roça, apesar de muito agradável para quem assiste, era cruel quando enfrentada na rotina diária.

Animais começaram a morrer, mesmo com a atenção especial de veterinários, que cobravam pela hora de consulta um preço maior que o de muitos médicos. O trabalho dos homens não rendia o quanto esperava. Alguns sumiam durante as tarefas – deixavam as ferramentas no local de trabalho e partiam, sem qualquer satisfação.

Quase não saía da propriedade. Ouvia pelos jornais a prisão dos companheiros, e temia que sua hora chegasse, como tinha sido o destino dos paulistas Véio e França, capturados pela federal. Quanto a Moisés, nunca mais teve notícias. Sabia apenas que tinha viajado para longe. O Gordo também deixara de dar notícias há muito tempo. Alguém disse tê-lo visto em Porto Alegre, e não vivia mal.

Sentiu pena quando soube da morte de Fê. E medo também, porque os jornais diziam que ele teria sido sequestrado pela polícia e morto após pagar o resgate. Ou seja, se ele próprio fosse pego, não adiantaria pagar o bicho. No final, seria morto de qualquer jeito.

Às vezes voltava para Fortaleza para ver pessoalmente o que sua irmã, Geniglei, estava fazendo longe de sua vigilância. Insistia para que tivesse um modo de vida discreto, sem excessos que evidenciassem a origem de todo aquele dinheiro. Mas a menina era de gênio ruim, e se deixava levar pelo impulso quando gastava milhares de reais no comércio.

Suas visitas também eram necessárias para os negócios. A maioria das propriedades que Alemão adquiria era em nome da irmã. Muitas vezes, ela só assinava os papéis, sem se preocupar do que se tratava. Assim, por exemplo, foi feito com a transferência do dinheiro para comprar a casa de Natal, no Rio Grande do Norte.

O imóvel tinha sido indicado por Marleúdo, para esconder uma parte do dinheiro retirado de Fortaleza. Alemão e ele haviam dito ao grupo que a quantia seria escondida em um sítio próximo da capital cearense, mas quando a Polícia Federal prendeu a maioria de seus amigos e fechou a casa onde guardavam quase todo o dinheiro, resolveram levá-lo para Natal, onde Marleúdo tinha conhecidos.

Tinham certeza de que o dinheiro estava protegido. Alemão prometeu a si mesmo que, quando o grupo estivesse recomposto, os avisaria do novo esconderijo. Hoje, isso seria impossível, já que nem mesmo sabia onde cada um deles se encontrava.

Lá foram deixados cerca de dois milhões. Não era muito, perto do total que tiveram à disposição. Mas bastava para o caso de uma emergência. Um lugar de casas pobres e gente simples. O imóvel permaneceu vazio, com um quintal grande e varandas voltadas para o norte.

Alemão estava confiante do novo refúgio do dinheiro. Ninguém, nem mesmo a polícia, iria encontrá-lo. Além dele, apenas Marleúdo conhecia sua existência.

Mas não contavam com as brincadeiras de moleques de rua.

Sentado no sofá, com um prato de comida na mão, Alemão reconheceu o lugar quando apareceu a notícia no *Jornal Nacional*. Dizia o repórter que algumas crianças foram buscar uma bola de futebol, que tinha caído no imóvel vazio, quando resolveram entrar na casa para desafiar o desconhecido.

Com surpresa, encontraram sacolas cheias de dinheiro. Logo, toda a vizinhança estava em alvoroço com a notícia da casa recheada de dinheiro. Muitos apareceram, colocando as cédulas nos bolsos ou em qualquer compartimento que conseguiam trazer.

Sobrou pouco para a polícia quando ela chegou.

Alemão culpou Marleúdo pelo incidente, que lhe devolveu a responsabilidade, lembrando-lhe que havia dito sobre a necessidade de se deixar alguém morando no lugar para manter a vigilância. Ele próprio não poderia morar lá, porque se julgava conhecido antigo dos vizinhos, e seria fácil alguém descrevê-lo às autoridades.

Disse a Alemão que compraria outra casa, dessa vez em Mossoró, também no Rio Grande do Norte. Além de servir de novo esconderijo para o que restava do furto, faria do lugar seu novo abrigo pessoal. Assim, poderia proteger o numerário de perto. Teve sorte, porque conseguiu comprar uma granja com fonte d'água, e prometeu para si que não iria esbanjar, como os outros faziam.

Negociava animais e veículos, e os revendia por um preço justo. E pediu a Alemão que não telefonasse, a não ser por algo extremamente justificável.

Alemão concordou com o amigo, apesar de entender aquele ostracismo como uma forma de desistência, quase uma traição. Tentou contar-lhe sua má experiência no campo, e que isso seria uma ilusão, na expectativa de convencê-lo a retornar para Fortaleza.

Com a saída de Marleúdo da cidade, Geniglei estaria sem qualquer vigilância, e suscetível a perigosos comportamentos desmedidos. Isso certamente chamaria a atenção da polícia. Seus parentes de Boa Viagem temiam a vida misteriosa dos irmãos, por isso não queriam aproximação.

– Geni já é adulta, Alemão. Deixa a moça se cuidar sozinha. Se ela quis entrar para o crime, tem que saber responder pelos seus atos.

Alemão não gostou de ouvir aquilo. Não imaginava sua irmã como bandida, mas apenas uma pessoa que desejava o melhor para si.

Bandidos eram gente como ele, que empunhavam armas e não tinham medo de atirar. Não repreendeu o companheiro. Nas atuais circunstâncias, com a polícia fechando o cerco contra o grupo, Alemão achava necessário manter boas relações com os parceiros porque, caso fossem presos, acreditava que uma eventual delação seria dificultada por crises de valores morais.

– Fique tranquilo, Alemão. Se a casa cair para o meu lado, serei homem o suficiente para assumir o que fiz sem envolver ninguém.

Apesar de não acreditar naquelas palavras, era o que Alemão precisava ouvir.

D. Pedro da figueira

Lisboa amanhecia quieta todos os dias, mas aos poucos os rumores da cidade grande invadiam o pequeno apartamento. Ao meio-dia, os carros surgiam de forma discreta no bairro de São Cristóvão, cravado entre dois morros. O sol reinava soberano quando vencia a altura dos sobrados, aquecendo a brisa leve que vinha do porto. Os bondes circulavam vazios aos olhos de quem estava acostumado com os ônibus lotados da Avenida Paulista.

O comércio orgulhoso dos estabelecimentos centenários que ostentavam seu ano de inauguração nas fachadas. Lojas de vitrines pequenas enfileiradas nos andares térreos dos prédios. Lembrou-se da semelhança com o centro velho de São Paulo, caso os prédios da Sé fossem habitáveis e suas ruas livres da sujeira dos mendigos.

Da janela do quarto podia ver, no centro da Praça da Figueira, a estátua de um certo D. João I montado em seu cavalo, imóvel no momento que precedia o início de uma marcha em direção à América.

Moisés imaginou que a árvore que deu nome ao lugar deveria ser tão imponente quanto aquele rei. Na rua de trás, outra praça, outro rei. D. Pedro IV seria bisneto de D. Pedro I?

Os planos de voltar ao Brasil não o deixavam seguir viagem para a Espanha, onde pretendia comprar a granja de porcos ibéricos.

A ideia surgiu depois de conhecer uma fazenda que criava esses animais, e que produzia um tipo de presunto que até então desconhecia. Logo se tornou seu preferido, fazendo dele seu acompanhamento obrigatório das refeições.

Os porcos eram criados soltos, como bezerros, sob árvores das quais pendiam castanhas, seu único alimento até o abate. Eram pretos, gordos, de uma maneira circular que considerou engraçada.

Mas a decisão de voltar não lhe cabia. Aguardava seu chamado, de acordo com as orientações do Partido.

Soube que Fê havia morrido nas mãos dos policiais de São Paulo, por isso seu retorno não tardaria. Gordo continuava no sul, mas ainda não tinha força para encabeçar um projeto significativo. Alemão, apesar de não apresentar perigo, desistira de comandar e sucumbira à reclusão da vida tranquila.

Eram os melhores ladrões de bancos do mundo, mas, sozinhos e sem comando, não passavam de pessoas comuns, sem utilidade.

Para Moisés, o único com potencial pra crescer no Partido era Fê. Esse sim poderia ter sido um líder, apesar de lhe faltar coragem para enfrentar a responsabilidade de decisões arriscadas. Moisés tinha certeza de que, em pouco tempo, o amigo teria se tornado seu principal aliado. Ou rival.

Enquanto não era solicitado a voltar, caminhava por Lisboa com a frequência de turista que não se preocupa com dinheiro. A cidade, apesar de não desagradá-lo, era apenas um local de trabalho. Às vezes pensava ser mais fácil entender o espanhol de consoantes linguodentais das mulheres da Catalunha do que o português acelerado das vendedoras de Lisboa.

O programa daquela tarde de sexta-feira era ficar na sala. Sentado no sofá, via, pela internet, que 765 Torres do Partido tinham sido transferidos para a penitenciária 2 de Presidente Venceslau, onde seriam vigiados pela rigorosa disciplina do regime disciplinar diferenciado.

Quando soube dos bondes, telefonou para Munhoz, pedindo que entrasse em contato com os irmãos a fim de descobrir os motivos da remoção. O ato não correspondia à política da boa vizinhança pregada pelo governo do Estado em relação ao grupo que tanto o sustentou, e por certo teria uma resposta a altura.

Munhoz fez o prometido, e na última ocasião em que conversaram, avisou que um irmão tinha pedido para que Moisés ligasse às 14 horas, no número que estava lhe passando.

Moisés foi até uma loja comprar outro celular para evitar o grampo telefônico. Teve um pressentimento de que as coisas em São Paulo começavam a se tornar estranhas, e aquela conversa teria uma importância singular.

– Salve, Tatu. Sabe quem está falando?

Mais uma vez, nomes eram desnecessários. A voz marcante do outro lado provocava ansiedade na respiração de Moisés. Nunca conversara com *ele* diretamente, apenas havia recebido ordens indiretas ou elogios encaminhados por outros irmãos.

O Véio disse que o conhecia pessoalmente, e que chegaram a dividir um pavilhão enquanto estiveram presos no Carandiru. Os últimos anos de Moisés tinham sido dedicados a uma instituição cuja personalidade confundia-se com a própria figura do homem que estava do outro lado da linha.

Ele sabia que deveria responder algo, rapidamente, capaz de traduzir sua gratidão e humildade. Mas só conseguia proferir grunhidos, firmes, mas todos eles eram pouco diante da honra que sentia com aquela conversa.

– Vou ser rápido – não havia o ruído característico de cadeia ao fundo. Um silêncio de hospital. Por causa disso, Moisés entendeu que seu interlocutor já se encontrava preso em alguma cela individual de Presidente Venceslau. Achou que seria educado perguntar como estava passando aqueles dias.

– Fique tranquilo com a ligação. Acabei de tirar esse aparelho da embalagem.

– Eu também – respondeu Moisés. – Tenho visto notícias daí. A coisa parece que tá feia pros irmãos.

– Escute, Tatu. Vou ser rápido, porque a cadeia vai virar a qualquer momento. Preciso de um favor pessoal. Só você pode fazer.

Definitivamente, seu lugar no Partido estava assegurado. Apenas em suas divagações mais íntimas ousou imaginar que um dia *ele* lhe pediria ajuda. Depois que chegou em Portugal, calculou quem havia restado em São Paulo capaz de pôr em risco sua carreira. Todos os nomes conhecidos que estavam em evidência tinham fraquezas nítidas.

Somente Moisés preenchia todos os requisitos desejados para a posição. Abrira mão de família, mulheres, abusos de prazeres. Sua vida era o Partido, nada mais justo, portanto, ser recompensado pela dedicação.

– Uns polícia filhos da puta sequestraram meu filho em Suzano. Querem 100 milhões de resgate. Mas não se preocupe, já está tudo acertado com eles. É só passar no DP e pegar meu menino.

Sair de Portugal só para servir de táxi a um garoto? Havia algo de estranho naquilo tudo que Moisés ainda não conseguia entender.

– Obrigado pela honra, mas, desculpe perguntar. Por que eu?

– Sua dúvida é compreensível, Tatu – o homem respirou, demonstrando a paciência de quem começaria um longo discurso. – As coisas mudaram muito aqui. Eu estou sozinho, não tenho ninguém de confiança na rua que possa me trazer o garoto sem me preocupar com sua morte. Depois da fita de vocês, eles começaram a nos exigir muito mais dinheiro. Sabe quantos sequestros de irmãos nós tivemos, Tatu?

Moisés sabia que tinham sido muitas as extorsões praticadas pelos policiais paulistas desde o furto ao Banco Central. A cobiça tomou lugar do bom-senso, e a regra passou a ser o sequestro de parentes no lugar do próprio ladrão. Queria se desculpar, e justificar que a onda de sequestro aos irmãos não era sua culpa. Que tivera as melhores das intenções. Mas não seria digno de sua parte.

– Muita gente boa morreu, ou foi presa. Não têm mais limites. Qualquer um que eu encaminhar para lá poderá entregar o menino pros homens, entendeu?

A ordem não era difícil de ser compreendida. Bastava enfrentar as oito horas de voo que dividiam as duas cidades, ir até a delegacia da cidade de Suzano e colocar as mãos no rapaz. Muito simples. Tão simples, que era difícil para Moisés acreditar que não tivesse mais nada além daquela história.

Chegou à conclusão de que, como ele tinha sido o responsável pelos milhões que insuflou a ganância da polícia paulista, o Partido achou que deveria se arriscar para diminuir as consequências. Não diria a ele que a parte que receberam na divisão foi muito bem utilizada pelo sistema, e que os irmãos sempre lhe agradeceram pelos serviços. Não estava sendo punido por ter feito o furto. Mas por ter deixado a polícia descobrir o quanto o Partido recebera.

– Eu estou a caminho. O próximo voo sairá daqui a umas duas horas. Só conseguirei chegar amanhã à tarde.

– Tatu, quando chegar, você não vai conseguir falar comigo, nem com ninguém do Partido. São Paulo vai virar, como viramos, uma cadeia. Os polícia vão aprender a não tratar a gente como cachorro, e sim como os sócios que sempre fomos.

Mesmo com toda a admiração que devia ao homem, Moisés chegou a sentir dó quando ouviu o tom de sua voz.

As últimas palavras trocadas foram os acertos sobre o local onde o rapaz deveria ser deixado. Desejaram-se um "fica com Deus" recíproco e se despediram.

Moisés não esvaziou o guarda-roupas. Colocou apenas algumas peças íntimas na mochila, a carteira no bolso e partiu para o aeroporto. Pretendia voltar logo, assim que o trabalho estivesse terminado. Pensou no risco de se apresentar aos policiais civis de São Paulo como tutor do filho do Partido.

Ele não sabia se o preço pedido pelos policiais havia sido pago, ou se o que faria em Suzano seria um arrebatamento.

A hipótese de ter que usar violência para cumprir o prometido não lhe agradava. O Partido não teria coragem de enviá-lo para uma missão assim, tão perigosa, sem que ele fosse avisado do verdadeiro objetivo.

Se haviam dito que seria apenas uma carona para um menino, era assim que a coisa deveria ser tratada. Uma coisa era desconfiar da palavra de um traficante de uma boca de fumo pequena, ou de um viciado. Outra, era suspeitar do próprio Partido. Moisés era o último dos ladrões de banco que restava. Não iriam arriscar sua vida facilmente.

Não poderia ficar muito tempo no Brasil, pois a Polícia Civil daria um jeito de tomar o resto de seu dinheiro.

Tentou dormir durante a viagem. No sábado à tarde, a delegacia de Suzano deveria funcionar somente em sistema de plantão. A chefia, equipe responsável pelas investigações, nesses dias só fazia expediente em casos de extrema urgência, quando a lucratividade das diligências fosse pelo menos o dobro do que receberiam no bico do fim de semana.

Estava abatido com a viagem. O avião aterrissara às 6 da tarde do sábado, uma hora a mais do que havia previsto. A aeromoça era alta, tal qual o coque em seu cabelo. Por mais que Moisés se esforçasse, sua saia azul não deixava que enxergasse a marca de sua calcinha. A ideia de que ela não a estivesse usando lhe agradou.

O cansaço fazia as pernas arderem de dor. Os ombros pesavam junto com o corpo. Antecipou a sensação de um banho quente e o gosto de um pedaço de maminha assada na brasa média, apenas adormecida com sal grosso e banhada em sua própria gordura derretida.

Na área de desembarque do aeroporto de Guarulhos, pensou que aquele dia no Brasil fosse a data de algum feriado, porque o saguão estava vazio. Desceu as escadas rolantes e, ao se aproximar de um café próximo à saída, pediu um expresso para reforçar a agilidade. Demorou para ser atendido, pois o único vendedor estava trancado dentro da parte interna do estabelecimento.

O lugar, sempre lotado de pessoas apressadas, estava vazio. Um olhar mais atento de Moisés foi ainda mais preciso na avaliação: completamente vazio.

O rapaz lhe trouxe a xícara com o líquido preto. Parecia cumprir um ato burocrático indesejável. Moisés não gostou dos serviços protocolares:

– Isso aqui está vazio hoje. É algum feriado?

– É. Hoje é o dia do crime.

Moisés parou pela metade o movimento que levaria o café à boca. Não entendeu se as palavras do rapaz eram exatamente uma piada.

Sabendo que aquele viajante poderia não ter tido notícias do que acontecia em São Paulo nos últimos dias, o vendedor fez sinal para que se virasse e observasse a gigantesca tela de TV pendurada na parede.

Cenas de ônibus incendiados repetiam-se à exaustão. Letras corriam na parte de baixo da tela, contabilizando que até aquele momento uma centena de veículos tinham sido destruídos pelo PCC. Outro número chamava a atenção: 21 policiais foram mortos em mais de 60 ataques ocorridos em delegacias e bases da Polícia Militar em todo o Estado.

Não havia uma só cidade cuja cadeia não estivesse com os presos rebelados. PMs trancados nos quartéis com medo de morrer na rua durante a ronda. Policiais civis se recusavam a sair das delegacias, aguardando em pânico a chegada do inimigo.

– Os ladrão tão furioso, patrão.

O IRMÃO

Jussiê tinha uma feição que o destacava entre as pessoas da região. De pele clara e cabelos lisos, os amigos insistiam em chamá-lo de Alemão. Ele recusava o apelido com veemência, porque não queria ser confundido com seu irmão, a pessoa que tinha assumido aquela alcunha de forma definitiva.

Os amigos próximos entendiam seu inconformismo, já que seria perigoso ter sua identidade trocada por uma pessoa acusada de roubo a bancos. Sua irmã, Geniglei, insistia na brincadeira quando queria vê-lo incomodado.

Agricultor em Boa Viagem, gostava das coisas do campo e trabalhar a terra. Apesar da tranquilidade de sua rotina, tinha sido diagnosticado com úlcera no estômago. O médico disse que a enfermidade nasceu de seus maus hábitos alimentares, ricos em pimenta ardida e cachaça. O doutor foi preciso na doença, mas errou quanto ao motivo que lhe deu origem.

As dores começaram após a primeira vez em que foi sequestrado. Seus algozes acharam que se tratava de seu irmão. Pediram 500 mil reais como resgate, mas reduziram a oferta quando tiveram certeza do equívoco cometido quanto à pessoa. O irmão, o verdadeiro Alemão, foi quem pagou.

Jussiê, desde então, perdeu a tranquilidade. Não dormia direito, e sentia-se em perigo constante. Evitava sair da fazenda, e mantinha a rotina reclusa. Viu-se obrigado a sair para o mundo e iniciar um tratamento quando o incômodo no estômago começou a ser acompanhado de sangramento.

Alemão sentia-se culpado por trazer problemas a Jussiê, principalmente porque sabia que ele não era um homem violento, e que desaprovava toda forma de coerção.

Quis comprar outra propriedade para ele, mais fértil e equipada, para que pudesse ficar despreocupado com o futuro. Jussiê negou educadamente o presente, o que só deixou Alemão mais constrangido.

Após o sequestro, Alemão lhe disse para viajar por uns tempos, até a polícia entender definitivamente as diferenças entre os dois. Novamente, Jussiê disse que não tinha nada a temer, e preferiu ficar em sua roça.

Naquela tarde, o celular de Alemão identificava o telefone de Geniglei na ligação. Por várias vezes, pedira para a irmã não entrar em contato, pois temia a interceptação feita pela polícia. Ela disse entender os perigos, e garantiu que só ligaria quando fosse extremamente necessário.

– Alemão, pegaram o Jussiê de novo.

Geniglei lhe contou que, no caminho para a clínica médica, seu irmão tinha sido colocado à força dentro de um carro por pessoas que se diziam da Polícia Federal. Uma pessoa garantiu ter visto quando um dos tiros acertara o rosto de Jussiê na emboscada. Os criminosos já tinham ligado para ela, pedindo, dessa vez, um milhão de reais.

O valor era alto, e provavelmente aceitariam uma contraoferta. Alemão acreditou que houvesse nova confusão entre eles, que seria facilmente dirimida assim que os sequestradores tivessem certeza do erro.

Torcia para que fosse o mesmo grupo que o extorquira da última vez, porque aqueles homens mostraram-se compreensíveis e não machucaram Jussiê. Eram policiais civis de Fortaleza, bons de negociação e sensíveis na barganha da liberdade.

Passados cinco dias, Alemão se desesperava com a falta de informações sobre o irmão. Poderia estar morto, ou sofrendo aflições inimagináveis. Não podia ligar para Geniglei, tampouco retornar para Fortaleza ou Boa Viagem para acompanhar os parentes, com medo de que ele próprio pudesse ser vítima de outro arrebatamento. Pediu à irmã que se mantivesse tranquila, e evitasse o desespero.

Seu telefone tocou às 8 horas da noite de um sábado:

– Alemão, pelo amor de Deus! Paga logo o que eles querem. Eu não aguento mais.

O pânico de Jussiê deixou seu irmão desconcertado. Queria acalmá-lo, mas naquelas condições qualquer palavra seria inútil. Perguntou se estava bem, e quando notou que seria impossível continuar conversando, pediu para falar com outra pessoa.

– Me deram um tiro no rosto, Alemão. Queimaram minha mão...

O choro de Jussiê era comovente, e então o sofrimento foi interrompido quando alguém começou a falar em seu lugar. Com um sotaque nordestino, o homem disse a Alemão que conhecia todos os seus parentes.

Descreveu Geniglei, e o prédio onde morava em Fortaleza. Alemão se assustou com a descrição do apartamento da irmã, e a riqueza de detalhes sobre os móveis, inclusive alguns enfeites que ela guardava no quarto. Eles sabiam, inclusive, a cidade onde estava localizada sua fazenda no Mato Grosso, os carros que usava e as placas de cada um.

Mostravam-se intransigentes na redução dos valores. Toda vez que Alemão pedia para repensarem a quantia, Jussiê tinha os braços queimados por cigarros e o peito passado a ferro quente. Prometeram enviar seu dedo médio dentro de uma caixa, caso insistisse na ideia idiota de pagar menos do que pediam.

Diante da irredutibilidade daquela situação, Alemão não teve escolha. Pagou o valor pedido pelo grupo, confiando na palavra de que o irmão seria libertado. Não acreditava que fossem matá-lo. Afinal, sequestrá-lo era uma ótima maneira para conseguir dinheiro fácil.

Não pôde buscar o irmão pessoalmente no local combinado para sua libertação. Sua presença poderia aumentar a ambição dos policiais. A culpa, todavia, o fez enfrentar o medo, ir até Boa Viagem, e oferecer todo o tratamento médico que fosse possível.

Jussiê não aceitou os cuidados. Disse apenas querer paz e voltar à sua vida. Alemão pediu que não comunicasse o fato à polícia, porque poderia ser perigoso, já que tinham sido eles mesmos que teriam cometidos todas aquelas atrocidades.

– Alemão, isso não vai acabar nunca?

Jussiê não soube dizer quantos eram, nem outras informações que ajudassem a identificá-los. Eram apenas homens rudes, de sotaque nordestino, que o mantiveram amarrado no chão durante os doze dias.

Lembrou-se de um jovem que apareceu apenas uma vez no lugar onde estava.

Era magro, de olhos esbugalhados e aspecto neurastênico. Não apresentava o mesmo vigor dos outros, e era visível que pertencia a outro grupo, de comportamento distinto. De alguma forma, Jussiê sentiu que seu futuro dependeria da opinião daquele homem. Na rápida ocasião que o encontrou, aquela figura de doente melancolia o encarou de modo desafiante.

Alemão não pretendia ouvir a história do irmão com a atenção que deveria. Estava envergonhado de todo o acontecido, mas continuava alerta às suas palavras, balançando a cabeça, acompanhando-as com expressões atentas. Perdeu-se em seus pensamentos em alguns trechos da história, e muitas vezes não conseguia conectá-los nos períodos mais longos. Demorou algum tempo até retomar a linha da narrativa.

– O cabra parecia viciado, sabe? Me olhou de riba até embaixo e perguntou se eu era o Alemão. Quando eu respondi que não, ele virou para os polícia e confirmou que eu não era você. Eles queriam você, de novo.

Alemão sentiu a espinha congelar de susto. As veias pulsaram na testa branca, e o rosto tomou o aspecto vermelho que denunciava o medo.

– Viciado?

– É. Um daqueles doentes que usam *crack*.

– Qual o nome dele?

– Oxe. Eu lá vou saber?

E nem seria necessário. Pela descrição dada, Alemão tinha certeza de que se tratava de Siri, que voltara do inferno para se vingar.

Moisés foi tomado por uma fria solidão após o comentário do atendente no café do aeroporto. *Furioso* era um adjetivo incompleto para qualificar o que via acontecer na tela da televisão do saguão. Durante a viagem, não imaginou a grandiosidade do que o Partido estava fazendo para impor-se em São Paulo. Agora estava convencido de seu regresso da Europa.

As lojas do lugar estavam fechadas, e os guichês das empresas aéreas vazios. Seguranças, funcionários, passageiros. Pessoas que desembarcavam de seus voos sentavam-se pelo chão.

– Hoje não tem nem táxi lá fora. Tá tudo parado – o vendedor parecia querer que Moisés fosse logo embora para poder retornar ao interior do café. Não indicava querer se esconder por estar com medo. Um olhar mais atento identificava nele um semblante de quem havia sido interrompido na melhor hora do sono, e que por isso queria retornar ao descanso.

– E seu chefe, não veio hoje?

– Veio nada. Ligou dizendo que só vai aparecer quando a onda de ataques terminar. Nem a outra funcionária deu as caras.

Moisés pagou seu café expresso e, já lá fora, pôde ver que, no ponto dos táxis, não havia nenhum veículo na fila. O local, que sempre está cheio de pessoas aguardando para serem levadas embora, aparentava ter sido abandonado há muito tempo. Pensou em como iria até Suzano, se não havia meios de transportes disponíveis.

No ponto de ônibus, aguardou por 20 minutos, tempo em que a preocupação em não conseguir chegar a tempo começou a crescer. Um carregador com suas roupas amarelas apareceu na porta de saída do aeroporto e gritou:

– Hoje não tem ônibus. Acho melhor o senhor ligar para alguém vir buscá-lo.

Não houve tempo para lhe perguntar sobre outros meios de como sair dali, pois o carregador, imediatamente após sua boa ação, retornou para seu esconderijo.

Moisés caminhou sem rumo, acendeu um cigarro enquanto olhava o deserto que o cercava. Durante uma hora, não viu nenhum carro se aproximar para deixar passageiros. As poucas pessoas que chegavam do desembarque sentavam-se nos bancos e aguardavam, como se a solução fosse surgir do inesperado. Uns telefonavam, mostrando nítido desespero com aquela situação.

Andou por mais alguns minutos e entrou no estacionamento. Observava pessoas entrando em seus carros e não saindo do lugar. Muitas dormiam ali mesmo, dentro deles, porque não estavam dispostas a enfrentar o que viram na televisão.

Com a noite acima de sua cabeça escurecendo o céu, Moisés escolheu um Honda Civic parado a sua frente e quebrou a janela com uma barra de ferro, que antes servia de cerca para orientar pessoas. O som do alarme que disparou poderia chamar a atenção de qualquer pessoa, não fosse aquele um dia incomum.

Abriu a porta do veículo, quebrou o plástico do painel abaixo do volante para ter acesso à rede elétrica do carro, e desligou o som perturbador da sirene do alarme. Com uma ligação direta, fez o motor funcionar.

A cancela, que normalmente impedia os usuários do estacionamento sair sem pagar, foi facilmente derrubada quando o peso e a velocidade do carro avançou sobre ela.

Na Marginal Tietê, São Paulo, apesar do aspecto grandioso de suas avenidas e pontes, lembrava uma cidade pequena, em que os moradores dormiam cedo e abandonavam a vida fora de casa para os fantasmas cuidarem.

Ao longo do percurso, ligou o rádio do carro e ouviu as notícias assustadoras: crescia o número de policiais mortos nos ataques e dos ônibus incendiados.

Nesse cenário, atravessar a cidade em um carro roubado e portando documentação falsa não seria uma boa ideia. Lembrou-se das orientações do Partido para não entrar em contato, mas apenas ir até Suzano buscar o garoto.

Ao se aproximar da Avenida Inajar de Souza, decidiu buscar a ajuda de Munhoz, o traficante da boca em Brasilândia. Precisava de armas, e de um carro que não denunciasse sua condição de ilegal. Munhoz ficaria orgulhoso em saber que prestaria apoio à cúpula do Partido.

Era estranho ver os botecos do bairro com as portas fechadas, porque, aos sábados à noite, estavam sempre cheios de gente e pagode. Moisés aprendeu que cadeia em silêncio era mau presságio. Desde então, a ausência de ruídos lhe trazia pensamentos ruins, indicativos de alguma desgraça futura.

Ao virar uma esquina, viu um ônibus envolto em fumaça. "Deve ter passado o dia inteiro pegando fogo", pensou. Mais estranho do que a imagem do veículo incendiado, foi perceber que não havia ninguém na rua para admirar o espetáculo. Por certo, nem o corpo de bombeiros deve ter aparecido para fazer seu trabalho. Logo adiante, um carro ainda em chamas projetava labaredas na porta de ferro de uma loja. Teve que voltar e percorrer outro caminho.

Deixou o carro em uma rua próxima ao prédio da Cohab. Como tudo naquela noite, o acesso ao lugar, que antes seria anunciado pelas crianças, foi gratuito e sem dificuldades. Poderia ter ligado antes para avisar de sua chegada, mas isso denunciaria sua presença no Brasil.

Subiu os dois primeiros lances da escada com cuidado. Os moradores mantinham-se trancados em seus apartamentos, e não pareciam se incomodar com a presença de um estranho andando pela vizinhança.

Ao dobrar a última curva, no andar do apartamento de Munhoz, a imagem de um homem deitado sobre os próprios braços o fez parar. Se num primeiro momento pensou ser algum viciado em overdose, descartou a ideia quando acompanhou a imensa poça de sangue que saía de baixo do corpo e descia pelos degraus.

Não conhecia a figura. Mas os furos de balas na roupa indicavam que certamente ele não era estranho a Munhoz.

Com a porta do apartamento aberta, viu em seu interior as paredes salpicadas de sangue fresco e buracos. A TV ligada na sala comentava que o número de pessoas mortas no Estado todo poderia chegar a uma centena.

Na cozinha, uma moça morta a tiros estava sentada no chão, encostada na parede, que mostrava manchas verticais de sangue subindo de sua cabeça até a altura de onde provavelmente escorregou para morrer.

Em suas pernas, o corpo de Munhoz.

Chegara tarde. A resposta da polícia tinha sido mais rápida do que o Honda Civic que roubara no aeroporto.

Abaixou-se para procurar no cadáver de Munhoz alguma arma que pudesse ajudá-lo a conseguir chegar até a cidade de Suzano. Nada, nem mesmo um celular. Tudo de útil já tinha sido levado.

Viu uma sombra estranha projetando-se no chão e crescer sobre si. Olhou para trás e deparou-se com a pior cena da noite. Sob o portal da cozinha, dois homens lhe apontavam suas armas. Um terceiro, negro, também armado, mas ainda na sala, vigiava a porta de saída.

– Levanta pra morrer feito homem, ladrão.

Uma equipe proativa

Logo que a manhã de sábado se levantou no horizonte, Deusimar quis ir para casa e dormir o sono que deixara para trás durante as escavações. Os paulistas tinham acabado de esvaziar o cofre do Banco Central do Brasil por um túnel, e estavam bastante satisfeitos com o desempenho do ex-segurança durante os trabalhos. Disseram-lhe que iam esconder o dinheiro dentro do estofamento de alguns veículos, e que desse modo seguiriam viagem para São Paulo. A coragem dos paulistas era admirável.

Não esperou para ver o resultado da nova tapeçaria nos veículos. Logo que o sol despontou no horizonte, recheou o interior de uma Topic com 10 dos sacos que a casa de Edimar escondia e partiu para seu destino.

Guardou o que pôde em sua própria residência. Marli, sua esposa, estranhou os sacos cheios de dinheiro, mas não podia contrariar o marido nos planos de abrir seu próprio negócio. "Ele sempre sonhou em ser patrão."

Assustou-se quando, na segunda-feira, viu a notícia do furto ao Banco Central ecoar pelos jornais. Apesar de nunca ter perguntado nada sobre o assunto, Marli temia o envolvimento do marido.

Eram frequentes as ligações de Alemão dizendo-se preocupado com o rapaz de nome Siri. Esse era um assunto que o incomodava, porque lidar com viciados não era coisa lá muito digna. O amigo lhe pedira para confirmar se Siri realmente tinha morrido, coisa que fingiu fazer para tranquilizar o amigo.

Quando viu na TV o caminhão-cegonha carregado de dinheiro sendo apreendido, temeu pela sua liberdade. Tinha medo de que, na prisão, Zé Charles falasse sobre os planos do grupo e delatasse seus integrantes. Para evitar que perdesse o dinheiro nas mãos da polícia, tratou de abrir contas bancárias em nome de Marli e de Gonzaguinha, seu cunhado.

Mas nem tudo poderia preencher uma conta bancária.

Colocou o restante em tubos de PVC e enterrou numa chácara em Irauçuba, próximo de Fortaleza.

Como previu, logo após a prisão de Zé Charles, os policiais federais apareceram em sua casa para cumprir seu mandado de prisão. Entregou-se sem problemas. Um *habeas corpus* foi o suficiente para demonstrar que a prisão preventiva era desnecessária, e sua passagem pelo cárcere durou uma semana, tempo em que se calou, não disse nada que pudesse comprometer seus companheiros.

No cárcere, estranhou a superficialidade das perguntas feitas pelo delegado. Era como se quisesse apenas preencher um relatório. Não demonstrava que estava diante de um dos responsáveis pelo maior furto a banco do Brasil. A autoridade nem mesmo quis negociar informações para saber a identidade dos outros participantes, restringindo suas perguntas apenas aos fatos que Deusimar havia cometido.

Zé Charles saiu antes. Deusimar não escondia o rancor pelo ex-companheiro. Tinha certeza de que fora ele o responsável pela sua prisão.

Solto, passou a evitar o contato com os paulistas. Sabia que eles também estavam com mandados de prisão decretados, e logo seriam presos pela Polícia Federal. Todos já tinham seus telefones grampeados, e acreditava que quanto menos demonstrasse elos de afinidade com o restante do grupo, suas chances de ser absolvido ao final do processo seriam maiores. Cada um que cuidasse de seus problemas. Ia sumir por uns tempos, morar em Irauçuba, junto com o dinheiro.

Quando Alemão lhe telefonou, disse apenas que queria descansar um pouco, e que não haveria motivos para preocupações. "Amigos são para as ocasiões", como seu pai lhe dizia, cada um resolvendo seus próprios problemas.

Em Irauçuba, começou criando gado. Não deu certo. Voltou-se para a agricultura, mas logo percebeu que não tinha vocação rural.

Era preciso encontrar uma nova atividade. Lembrou-se de que, tempos atrás, também passara por essa mesma situação. A diferença era que, à época, não conseguia mais se empregar como segurança, e pôs-se a vender lanches em frente a sua antiga empregadora. Marli os preparava, e ele mesmo os comercializava na porta da empresa.

A troca de ofício foi vista pelos colegas como uma fraqueza de caráter. Viu no rosto dos amigos a reprovação por ter aceitado tamanha humilhação.

No início, tomou a iniciativa de vender lanches na empresa de segurança privada como uma afronta por sua injusta despedida. Mas, logo depois, sentiu prazer com a movimentação do dinheiro vivo e o contato com os fregueses. Não se importava em vender fiado, mas era severo com atrasos. Ampliou os negócios e começou a emprestar dinheiro a quem precisava.

Começou com pouco. Vinte, cinquenta, cem reais. Não demorou muito, e a prática do empréstimo se tornou sua principal atividade. O 38 era para garantir que os clientes que faltassem com o pagamento saldassem a dívida conforme o combinado.

Quando seu cunhado, Gonzaguinha, começou a ajudá-lo na empreitada, oferecendo os serviços de empréstimo às pessoas interessadas, Deusimar passou a cuidar apenas da contabilidade dos negócios e das cobranças.

E foi assim em Irauçuba. A pequena empresa ganhou força quando conheceu Álvaro, pessoa que tinha contatos na cidade. Juntos, passaram a fornecer crédito fácil àqueles que precisavam de apoio financeiro. Gonzaguinha manteve-se fiel ao projeto.

Com o imenso capital inicial investido por Deusimar, em pouco tempo começaram a fazer concorrência considerável aos bancos formalmente estabelecidos na região. Não exigiam nenhuma forma de garantia. Apenas a palavra bastava.

Comerciantes, empreendedores, trabalhadores. Se no começo Deusimar e seus funcionários não se importavam em ir até quem precisava de ajuda, esperando com paciência a hora de serem atendidos pelo futuro cliente, hoje, quem precisava de dinheiro precisava marcar hora para ser recebido em seu escritório.

Em tempos de baixa produção, Deusimar pedia mais empenho dos colegas quando fossem oferecer os trabalhos. Às vezes, algum curioso perguntava sobre as condições do empréstimo e acabava desistindo de contratá-los por considerar seus juros muito altos. Nesse caso, ensinou aos funcionários que era preciso convencer a clientela de que a correção diferenciada era necessária, em virtude da ausência de garantias.

Era difícil conseguir proatividade da equipe. Por mais que os recompensasse com o justo e devido pelos trabalhos, nunca se envolviam com paixão. Não vestiam a camisa da empresa. Lembrava-lhes da sua época difícil de vendedor de lanches, e comparava com toda a propriedade que tinha adquirido ao longo dos anos graças a seu trabalho, como exemplo de que o sucesso só chega para quem se dedica com vigor. Não era digno de uma pessoa honrada esperar ganhar muito da noite para o dia sem suar.

Álvaro e Gonzaga queriam uma pequena porcentagem dos valores que negociavam. Apesar de Deusimar considerar o pedido uma demonstração de ingratidão e falta de fidelidade a quem tanto os ajudara, foi preciso conceder para não perdê-los. Eram trabalhadores medianos, não rendiam como desejava, mas sabiam muito sobre seu passado para ser despedidos.

Marli não estava na chácara naquela tarde quando Deusimar chegou do escritório. Telefonou para seu celular, mas estava desligado. Ligou para a firma e perguntou aos empregados se ela havia passado por lá. O carro que costumava usar estava na garagem. Quando teve certeza de seu súbito desaparecimento, foi até o quintal e ficou menos nervoso quando viu que os tubos de PVC permaneciam enterrados no mesmo lugar.

A noite chegou, mas Marli não. Lembrou dos amigos que participaram do furto ao Banco Central, que tinham sido sequestrados por policiais. Ficou mais aflito quando se lembrou dos casos em que os parentes eram pegos no lugar dos ladrões.

Não havia como não se desesperar. Marli não aguentaria sequer uma alteração de voz contra si. Era uma mulher frágil, de composição pequena, e que nunca havia sofrido qualquer tipo de violência física.

A visão de pessoas lhe fazendo mal causava-lhe náuseas. Não acreditava que pudesse existir alguém capaz de cometer atrocidades com inocentes, como era Marli, apenas com objetivo financeiro. Precisava da ajuda de alguém.

– Alemão, levaram a Marli.

O amigo estranhou o medo na voz de Deusimar ao telefone. Desde que o conhecera, na infância, nunca o tinha visto enfraquecer ao ponto de chorar, como agora fazia. A dor de ser o responsável pelo suplício de um ente querido não era estranha a Alemão. Mas ele não sabia o que dizer.

– Calma, Deusimar. Você sabe que meu telefone está grampeado, né? Tome cuidado com o que vai dizer.

– Calma o caralho! Eu quero que esses polícia filhos da puta vão tomar no cu! Tão me ouvindo? Se vocês fizerem algum mal para a Marli, eu mato todos vocês, desgraçados.

Alemão não quis interromper os gritos de Deusimar. O desabafo dito em alto e bom som a um terceiro interlocutor misterioso tocava-lhe profundamente, porque um dia aquelas palavras já tinham sido seus próprios pensamentos.

– Eles já ligaram? Quando foi?

– Ninguém ligou, Alemão. Ela tá sumida desde ontem à noite. Eu juro, se fizerem algum mal para ela, não vai ter ninguém nesse mundo que me impeça de matar um a um. Tão ouvindo, vermes? Tragam ela de volta, ou vou matar as esposas e as filhas de todos vocês.

Alemão considerou que as ameaças de Deusimar não seriam capazes de assustar alguém. Chegou a ter pena do amigo, mas isso não seria suficiente para que a polícia não machucasse sua esposa.

Infelizmente, ele tinha sido vítima do pior tipo de ataque a um ladrão: o sequestro de parente. Apesar de já terem levado o irmão de Alemão com o mesmo objetivo, ele era um homem jovem, forte, e preparado para as durezas da vida. Alemão imaginou o que faria se, no lugar de Jussiê, tivessem sequestrado Geniglei.

Desligaram sem muitas despedidas, além de recomendação de tranquilidade e apego em Deus.

Às 10 horas da noite, quando Marli abriu a porta da sala, encontrou o marido sentado no sofá observando o revólver sobre a mesa de centro. Ao se abraçarem com entusiasmo, Deusimar perguntou como estava, se sentia dores ou se sofrera alguma coisa. A preocupação com a mulher não deixou que visse os três homens armados que a acompanhavam.

– Ela está ótima, Deusimar. Não se preocupe. Ninguém colocou a mão nela. Todo mundo aqui tem família.

Quando Deusimar ouviu um dos homens, teve o ímpeto de pegar sua arma.

– Deixe disso, cabra! – todos fizeram de Deusimar e Marli os alvos de suas pistolas. – Oxe! Só viemos buscar os tubos. A gente pode fritar vocês e ir embora com o dinheiro.

– Para, Deusimar! Por favor, dá logo o dinheiro e deixa eles irem embora – Marli soluçava enquanto segurava Deusimar, impedindo que fizesse movimentos imprudentes.

O marido quis empurrá-la para longe, ver-se livre para agir e evitar que aqueles homens colocassem a mão em sua fortuna. A alegria de ver a esposa sem nenhum ferimento deu lugar a pensamentos de censura por ela ter delatado o lugar onde escondia o que restou de sua parte do furto ao Banco Central.

Quando abriram um dos tubos para terem certeza de seu conteúdo, um cheiro forte e estranho tomou conta do quintal. O dinheiro fedia por estar há tanto tempo enterrado em lugar tão úmido. Levaram todos eles, assim mesmo, e só deixaram os buracos.

– Desculpa, meu amor. Eu fiquei com medo.

Deusimar não podia culpá-la. Se tivesse sido ele sequestrado em seu lugar, era bem provável que morreria antes de dizer algo sobre o dinheiro. Era uma culpa que deveria ser compartilhada. Um remorso recíproco pelos erros inevitáveis de cada um.

Agora, restava-lhe apenas o pouco dinheiro que tinha depositado nas contas bancárias. Pouco mais de quinhentos mil reais distribuídos em seu próprio nome, de Álvaro e Gonzaga. Era pouco, considerando que já tivera quase dez vezes mais. O dinheiro guardado não custearia seis meses de seus gastos. Por isso, era preciso antecipar tudo aquilo que tinha sido emprestado nos últimos meses. Pelas contas, tinham a receber cerca de dois milhões de reais.

Era preciso resgatá-los imediatamente.

Nos dias seguintes, passou a não demonstrar a mesma paciência com os devedores. Era mais ostensivo com o revólver para convencê-los a pagar o empréstimo, devidamente acrescidos com os juros de mora. A atualização, muitas vezes, mostrava-se um valor bem maior do que a dívida original.

Seus clientes começaram a questionar os índices de atualização, e alguns foram corajosos ao ponto de dizer a Deusimar que discordavam dos valores, desafiando-o a cobrá-los na justiça.

Quando ameaçou matar um dos fregueses, que disse iria ingressar com uma ação de revisão contratual, foi intimado a comparecer na delegacia de polícia para prestar declarações sobre o boletim de ocorrência lavrado em seu desfavor.

Álvaro e Gonzaga não gostaram das novas atitudes do amigo. Deusimar queria que exigissem o dinheiro dos clientes usando a força, e pôs suas competências em dúvida quando se recusaram a andar armados.

A boa fama de empréstimo certo e seguro que a firma tinha adquirido fora esquecida; em seu lugar, as pessoas diziam que eles tinham se tornado agiotas inescrupulosos, capazes de matar para cobrar um centavo. O número de inimigos cresceu na proporção dos juros que cobravam.

Em menos de uma semana, a Polícia Federal invadiu a casa de Deusimar para cumprir um novo mandado de prisão.

Velhos amigos

– Cidinho?

O fato de um ladrão saber seu nome não o impediria de atirar. Já matara outros que sabiam até o nome de seus pais. Mas, agora, ao ouvi-lo pronunciado, viu atrasar seu ímpeto homicida. Moisés teve medo de se levantar para mostrar que o conhecia.

O policial tirou o dedo do gatilho, e o esticou para encostá-lo no guarda-mato da arma. O olho que mirava a figura prostrada sob a linha do cano da arma, com indiferença, pôs-se a analisá-lo com mais detalhe, a fim de tentar reconhecê-lo.

– Levanta, ladrão.

Os outros policiais mantinham-se prontos para matar, como tinham feito com os traficantes daquela boca de fumo. Só não terminaram o ato porque notaram que o companheiro relutou quando o futuro cadáver proferiu seu nome com intimidade.

– Cidinho? Não lembra de mim? O Tatu. Do Carandiru.

A expressão de Cidinho não deixava dúvidas de que eram conhecidos. Apesar de não se recordar daquele rosto, o apelido lhe era familiar. Em suas lembranças, o Carandiru não passava de um lugar fedorento e escuro, onde pessoas desesperadas tentavam fugir e, outras, sobreviver. No seu caso, como carcereiro, pertencia à última categoria.

– Você era o carcereiro na fuga de mais de 100 pessoas pelo túnel em 2001. Tá lembrado? – Moisés disse enquanto se levantava, devagar.

O policial levantou o queixo com suavidade. Pôde olhar Moisés por inteiro quando já estava de pé. Seus companheiros esperavam uma resposta, para que pudessem agir.

– Tatu? – a arma foi abaixada. – Filho da puta. Que cê tá fazendo aqui? Não me diga que se tornou dono de boca de fumo? – o semblante de Cidinho ganhou ares de amenidade. Com um leve gesto de mão, indicou aos outros policiais que deveriam acompanhá-lo na intenção de desarmar-se. Nenhum deles obedeceu, apesar de entenderem que aquele não seria o momento para atirar.

– Sabe que eu não preciso dessa sujeira. Vim buscar um dinheiro que o defunto aqui me devia, mas acho que vocês chegaram antes.

Apenas Cidinho se mantinha aparentemente incauto naquele lugar. Um dos policiais avançou e mandou Moisés se virar contra a geladeira e colocar as mãos na cabeça.

– Você tá maluco de vir aqui, hoje? – Cidinho observava Moisés sendo revistado criteriosamente pelo policial. As mãos ágeis percorreram as pernas do ladrão, apalparam sua cintura, virilha, terminando o passeio nas axilas. A TV continuava ligada, avisando de um pronunciamento do governador do Estado sobre os ataques. – Tá matando polícia, Tatu?

Moisés sorriu da pergunta, como se indicasse que ela só tinha uma resposta. Principalmente naquela situação, em que seria capaz de dizer qualquer coisa que não os desagradassem.

– Ele é seu amigo, Cidinho? – o policial negro que estava na sala perguntou, enquanto abaixava sua arma, certo de que não haveria perigo.

– Eu lá sou amigo de ladrão? Ele é meu primo. Parente a gente não escolhe.

Cidinho considerou que ser parente era um motivo justificável para não se matar um ladrão, perdido numa boca de fumo, na noite em que a bandidagem resolveu exterminar policiais. Se Cidinho tivesse dito a verdade, que Moisés o ajudara na pior época de sua vida, sua credibilidade de policial do DEIC desmoronaria. Estar nesse departamento como chefe de investigação de uma equipe foi a maior conquista que poderia atingir na profissão, principalmente porque era um ex-carcereiro.

Logo no início de sua carreira, Cidinho puxava plantões no Carandiru. Todas as noites, logo depois do bico como segurança em uma mercearia, zelava pela guarda de quase três mil detentos. No início, conseguia ficar até três dias sem dormir, mas o corpo não resistiu a tanto sacrifício. O fígado começou a se deteriorar de tal forma que, em apenas três meses, parte do órgão foi vomitado.

Não conseguia ir ao médico particular por absoluta falta de recursos. O hospital do servidor público avisou que só teria vagas para seu atendimento em quatro meses. Ou em seis horas, caso se tratasse de emergência. Havia um médico no presídio, mas este lhe disse que só atendia os presos por absoluta caridade. Trabalhava ali de graça, por isso, os funcionários deveriam ligar para o seu consultório e agendar um horário com a secretária.

Por conhecer de perto o sofrimento dos bravos policiais, faria um desconto no preço da consulta.

O dinheiro que ganhava no trabalho paralelo era o dobro do seu salário, e abandoná-lo estava fora de cogitação. Com duas filhas pequenas, preferia morrer a ter que vê-las sem comida na mesa.

Certa noite, um dos detentos estranhou aquele carcereiro que nunca cochilava. Tatu, como era conhecido, lhe disse que admirava sua força de vontade para manter a vigilância noturna dos irmãos. Cidinho gostou da sinceridade do jovem, e lhe explicou sobre as dores que o impediam de se deitar sem vomitar.

Sensibilizado, o preso disse que chamaria um médico particular de sua confiança. Na mesma noite, o doutor apareceu na recepção do Carandiru, receitou-lhe alguns remédios e exames, todos de graça, conforme as recomendações que tinha recebido.

A amizade dos dois se fortaleceu com o tempo. Tatu, sempre muito generoso, começou a lhe pagar um bom valor pela entrada de comida paralela. Com esse dinheiro, Cidinho pôde abrir mão do trabalho extra e voltar para casa todos os dias, para descansar. Tatu pagou também outras consultas médicas para sua filha mais nova, quando ela apresentou quadro de infecção renal.

Certo dia, Moisés ofereceu-lhe 50 mil reais por uma ajuda extrema. O valor era alto demais, coisa que só policial de departamento estava acostumado a receber. O serviço era simples: iriam cavar um buraco para fugir, e Cidinho deveria avisá-lo caso descobrisse rumores de que alguém os impediria.

Durante os trabalhos, Cidinho disse que o valor de 50 mil seria pouco, porque seu delegado tinha descoberto os planos, e ameaçava frustá-los caso também não fizesse parte do esquema. No final dos trabalhos, Cidinho já tinha recebido, sozinho, quase 500 mil reais, que nunca dividiu com ninguém.

Com esse dinheiro, pagou pelo fim da sindicância aberta na corregedoria para investigar sua conivência em relação à fuga, abriu uma empresa de segurança particular e conseguiu comprar sua vaga no DEIC. Sobre Tatu, sabia que se tornara uma pessoa influente dentro do Partido.

– O que você está fazendo aqui, Tatu?

– Estou indo para Suzano.

– Suzano?

Cidinho ouviu de um delegado da diretoria do departamento o boato de que policiais tinham feito alguma merda naquela cidade, que motivou a insurreição dos líderes do PCC, suas transferências e a onda de ataques. O tipo de informação que o bom policial não divulga, nem aos colegas de equipe, se não tiver um motivo que comprove sua veracidade. Tira fofoqueiro era coisa de distrito, não do DEIC.

Os pensamentos de Cidinho tentavam articular por que um Torre do Partido se arriscava a sair no meio daquela noite perigosa, sozinho e desarmado. No intervalo do raciocínio, notou que seus companheiros esperavam uma atitude rápida. Deveriam sair logo dali e partir para outra boca, aproveitar a ocasião rara daquela noite e limpar a cidade de todos os desafetos que pudessem encontrar. Aproximou-se deles e pediu cinco minutos a sós com o primo, para que pudesse resolver aquele problema de família.

– Cidinho, nós estamos juntos nessa. Se você está pensando que vai tomar alguma grana desse cara nas nossas costas, vai se arrepender.

– Porra, ele é meu primo, caralho. Acha que eu teria coragem de tirar dinheiro de parente? Só quero lhe dar uma lição de moral antes de mandá-lo embora.

Os homens conheciam Cidinho, a ponto de acreditarem que ele não teria coragem de enganá-los. Ficar sozinho com um bandido era o comportamento padrão que antecedia o acerto. Mesmo desconfiados, saíram do apartamento.

O policial estava confuso com as informações desconexas sobre os ataques, o PCC e Moisés. Para ele, não havia diferença entre a verdade e a boataria falsa. Dos boatos que ouvia pelos corredores das prisões, poderia estar na presença de um dos possíveis mentores do furto ao Banco Central.

Quis ser o primeiro a falar:

– O trabalho que vocês fizeram no Banco Central de Fortaleza vai acabar com nossa polícia, sabia? Ninguém mais pensa em investigar. Todo polícia só quer saber de pôr a mão em alguém do PCC para tomar o maior dinheiro possível. Foi muita grana, Tatu. Pra que tanta ganância? Olha lá fora, no que São Paulo se transformou. Afinal, que merda vocês pretendem fazer? Derrubar o presidente? Tomar o poder?

– Estou indo para Suzano porque alguns polícia sequestraram o filho do Marcola. Já está tudo acertado com seu diretor, e fui incumbido de buscar o garoto. Se eu não chegar lá, a guerra não vai ter fim.

– Sequestraram o filho do Marcola? – Cidinho engoliu sua própria saliva. O policial levou a mão à cabeça e alisou os cabelos com força. – Puta que o pariu. O que esses filhos da puta fizeram?

– Eu não tenho carro. Por isso vim aqui ver se conseguia um.

Cidinho continuava desconcertado com as informações. Não imaginou que o QRU de Suzano fosse tão grave. Ele próprio tinha pegado alguns traficantes, ladrões de carro, e tomado seu dinheiro, confiando que o Partido estava tendo bons rendimentos... Eram todos bandidos pés de chinelo, na conformidade da regra do jogo. Mas sequestrar o filho do Marcola era algo inimaginável, digno de quem já não sabia controlar a insanidade rotineira da polícia.

A história era plausível demais para não ser crível. Seu delegado continuava no prédio do DEIC, por isso telefonou para ele, na tentativa de confirmar alguma informação sobre os fatos acontecidos em Suzano.

No início, o delegado relutou em dizer. Depois que notou a firmeza nas palavras de Cidinho e a profundidade do seu conhecimento do assunto, reconheceu que a tal *merda* feita em Suzano envolvia policiais e o PCC.

Moisés ouvia a conversa em silêncio. Arrependeu-se de ter sido tão sincero com Cidinho, mas o medo que presenciou em seu rosto deveria ser o mesmo que preenchia os corações dos outros policiais do departamento.

– Estou com o Torre aqui, doutor. E vou levá-lo para Suzano. Não me interessa, isso tem que acabar.

Conforme a conversa dos policiais crescia, Moisés temia que nunca chegasse a Suzano.

– O caralho pro senhor, pra corregedoria, pra OAB, pro ministério público... DGP, o juiz e todo mundo que tá com o rabo sentado na cadeira, enquanto eu tô aqui, na rua, tentando resolver a bosta que vocês armaram.

Moisés desconheceu as atitudes de Cidinho. O carcereiro pacato, que só queria cuidar de sua vida, havia se transformado em um aguerrido defensor da instituição.

– Os Torres tão no DEIC. Disseram que isso só terminará na terça-feira, desde que você leve o filho do Marcola embora – disse para Moisés, com certa reprovação. A Polícia Civil estava tão assustada com a resposta do Partido, que qualquer imposição seria prontamente atendida.

Das palavras soltas que ouvia do policial, entendeu que sua ligação tinha sido transferida várias vezes, até ser atendido por algum delegado muito importante, que foi capaz de acalmá-lo por conta da autoridade do cargo. Cidinho disse o endereço onde estavam, e que aguardariam no mesmo lugar.

– Você vai me levar para Suzano, Cidinho?

– Não. Você vai sozinho. Estão trazendo um carro para você fazer o que te mandaram fazer.

– Cidinho, eu confio em você. Não tente me armar nada.

– Acha que eu seria maluco de aprontar alguma coisa pra cima de você, Tatu? Você conhece minha família, minhas filhas. Confie em mim. Nós queremos a mesma coisa: que tudo termine logo.

Cidinho foi até a sacada, onde estavam os outros policiais. Pediu desculpas por ter omitido o fato de que seu primo era um Torre do Partido. Disse sentir-se envergonhado com aquilo, mas que nada podia fazer. Além disso, deveriam aguardar a chegada do diretor para que o problema fosse resolvido.

O policial de traços orientais, que até então não tinha dito nada, perguntou os motivos que fariam o diretor sair do DEIC e se encontrar com eles ali, no meio daquele cortiço. Era sua equipe, e não poderiam ter segredos. Por isso, Cidinho explicou tudo o que sabia.

Quando Moisés foi chamado para fora do apartamento, seis viaturas Blazer o aguardavam no estacionamento da Cohab.

Um homem velho e gordo, cercado por vários policiais fortemente armados, veio em sua direção. Com uma gravata torta pendurada ao redor do pescoço, disse-lhe, como se ordenasse:

– Seu carro é aquele – apontou para uma Blazer completamente preta, com o símbolo do Garra – grupo especializado que pertence ao DEIC – estampado na porta.

– Não vou dirigir uma viatura – as palavras de Moisés eram sérias. Para ele, ladrão só andava de viatura no compartimento de presos, e algemado. Seria humilhante passar-se por policial.

– Se se arriscar a sair nessa noite em qualquer outro carro, a Rota vai te matar. Na viatura ninguém abordará você, e poderá ir para onde quiser – disse o delegado, enquanto arrumava a gravata, na tentativa de convencê-lo da melhor opção de transporte. – Fique tranquilo. Ligue a sirene e o *highlight*, e nada vai te acontecer.

Um gol ano 2002

A casa da granja era simples, de paredes caiadas e teto baixo. Quem passava pela rua não diria que ali morava um dos ladrões mais bem-sucedidos do Brasil. Marleúdo gostava da cidade de Mossoró e de seus vizinhos. Em nada lembrava o criminoso que participara do furto ao Banco Central. Mesmo tendo à sua disposição bastante dinheiro, não via motivos para ostentar sua fortuna como os outros companheiros faziam.

Nas poucas vezes em que conversou com Alemão, soube dos frequentes sequestros, e temia que fosse vítima de um deles. Por precaução, passou a se chamar Luiz Pedro. Poderia ficar em casa sem fazer nada, apenas cuidando dos pequenos afazeres domésticos. Mas isso não lhe convinha. Era homem que fazia do trabalho seu motivo para acordar, e estranhava a ideia de não ter compromissos laborais.

Para ocupar-se, entrou para o ramo de compra e venda de veículos. No início, o lucro imediato não era prioridade dos negócios. Gostava de cumprir os compromissos previstos para a realização de uma venda. Seu orgulho era ver o ajuste acontecer conforme o combinado.

E como não se preocupava em ganhar dinheiro, dava-se ao luxo de facilitar o pagamento para quem notasse precisar de ajuda. Mantinha a precaução apenas em evitar o prejuízo, muitas vezes vendendo pelo preço que comprara.

A imagem de bom comerciante correu Mossoró. Pessoas apareciam para conhecer o vendedor de carros que conseguia ótimos preços nos veículos, em uma época em que o mercado de carros se encontrava em baixa. Para justificar como mantinha sua postura de negócios que ameaçava a concorrência, dizia que, por não ter loja fixa, seus custos eram reduzidos.

Seu melhor escritório era o bar do Osmar, próximo à sua granja. Lugar limpo, de mesas bem-dispostas, com sinuca e cerveja gelada para o final do dia, quando finalmente tirava a camisa de botões e permanecia até o começo da novela das oito, comendo e jogando conversa fora com os novos amigos.

Osmar, o proprietário do estabelecimento, gostou da parceria informal. Os clientes aumentaram, e mudaram de perfil. Os andarilhos bêbados de antes deram lugar a pessoas de outro nível, que sempre tomavam um refrigerante antes de fechar o negócio. Até mulheres distintas, antes raras no lugar, agora não se envergonhavam de aparecer para ofertar os carros que pretendiam vender.

O dono do bar só não gostou quando Sílvio, conhecido ladrão de automóveis, apareceu para tomar cerveja com Marleúdo. Preocupado que isso pudesse ser o começo de um grande problema, avisou Marleúdo do passado criminoso de seu futuro cliente, e que tomasse cuidado com o que lhe fosse oferecido.

Marleúdo agradeceu, dizendo que era importante ser informado sobre circunstâncias duvidosas como aquelas. Como era novo na cidade, não tinha meios de julgar o caráter de todos que lhe ofereciam carros.

Sílvio trouxe um Astra seminovo, com placas da cidade de Natal. A aparência de pouco uso confirmava suas qualidades mecânicas impecáveis. O preço parecia justo. O único problema era não ter documentos. Sílvio justificou dizendo que perdera toda a documentação do carro junto com sua carteira em uma tarde na praia. Estava no processo de providenciar os papéis, mas tudo se atrasara porque seu despachante não era um homem ágil. De qualquer forma, eles seriam dispensáveis naquele momento, pois em menos de quinze dias tudo estaria pronto.

Apesar da situação inusitada, Marleúdo já percebera que os moradores da cidade pareciam não se importar em comprar veículos sem documentos. Houve, certa vez, uma negociação idêntica a essa, em que uma senhora pretendia se desfazer de seu carro com urgência, mas dias antes havia sido vítima de um roubo, no qual os bandidos levaram sua carteira.

Marleúdo ficou tocado com a necessidade da mulher e propôs-se a ajudá-la. Ficou com o carro, certo de que não seria fácil revendê-lo, mesmo com a esperança de que os documentos seriam entregues no futuro.

Para sua surpresa, o carro foi vendido na mesma tarde, para outra mulher.

Caso Osmar não tivesse colocado suspeitas nas intenções de Sílvio, Marleúdo teria agido da mesma forma e fechado o negócio. Mas, dessa vez, a prudência mandou que rejeitasse o veículo.

Sílvio insistiu, dizendo que sua filha precisava do dinheiro para pagar as mensalidades da faculdade. O homem parecia sincero, e apesar de não acreditar em toda a história, Marleúdo concordou intermediar sua venda caso surgisse alguém interessado naquela marca e modelo. Até lá, os documentos poderiam ser providenciados.

Durante alguns dias trocaram telefonemas. Era uma venda difícil, e Marleúdo já não se importava mais em oferecer o veículo, quando um homem apareceu querendo comprar um Astra seminovo.

Marleúdo o indicou Sílvio, com as recomendações típicas de um bom comerciante, mas informando sobre os problemas com os documentos. Garantiu que, àquela altura, tudo já deveria ter sido resolvido, por isso considerava aquele um bom negócio.

Dias depois, Sílvio ligou agradecendo, pois estava satisfeito com os bons trabalhos de Marleúdo. Queria também pagar pelo preço da corretagem, mas Marleúdo recusou. Além de o valor não ser atraente, queria deixar claro que não eram amigos, e não venderia novos carros naquela situação tão duvidosa.

Numa tarde quente de quinta-feira, dois homens apareceram no bar com interesse em comprar um Uno. Marleúdo mostrou-se desapontado, pois não tinha o modelo desejado.

Em contrapartida, ofereceu-lhes um Celta como sendo uma escolha melhor. Para terem certeza das qualidades do produto, Marleúdo os levou até a rua, onde o carro estava estacionado.

Ao abrir a tampa do capô para mostrar-lhes o motor, foi interrompido por um deles:

– O senhor vendeu um carro para o Sílvio?

Marleúdo fingiu, no início, que desconhecia a tal pessoa. Mas não seria convincente, porque aqueles homens, mesmo não dizendo, estavam ali já sabendo tudo o que se tinha se passado naquele negócio.

Quando notou que sua mentira era insustentável, acabou por reconhecer a verdade: conhecia Sílvio muito pouco, e tinha feito as vezes de corretor para que ele conseguisse vender um carro. Enfatizou que nada ganhou com isso, e que apenas indicou um comprador.

Em resposta, identificaram-se como policiais da delegacia de crimes contra o patrimônio de Mossoró. Pediram seus documentos e pesquisaram os dados com uma ligação pelo telefone celular. Os policiais pareciam convencidos de que o homem se chamava Luiz Pedro, conforme constava em sua carteira de motorista.

Marleúdo tinha certeza de que não tinha feito nada de errado. Transparecendo nervosismo, garantiu que, caso soubesse das intenções criminosas de Sílvio, sequer lhe teria dado chance de uma conversa, tampouco o policial aparentou suspeitar das intenções de Marleúdo. Pediu que tomasse cuidado com os negócios suspeitos, e que fossem imediatamente informados na hipótese de Sílvio surgir com uma nova proposta como aquela.

Ao final da conversa, um dos policiais disse que queria vender seu carro, um Gol ano 2002: – Em excelente estado – completou. Marleúdo pediu que trouxesse o veículo para uma avaliação quando achasse melhor.

Ele não voltou.

Ao invés disso, algumas semanas depois, policiais federais entraram em sua casa para cumprir um mandado de prisão. Não trouxeram carros para ser negociado, mas apreenderam 400 mil reais escondidos em caixas de isopor.

Moisés do DEIC

Desde Brasilândia até a Rodovia Ayrton Senna, Moisés cruzou com apenas três carros ao longo de todo o trajeto. Além disso, um comboio da Rota passou ao seu lado quando ainda estava no perímetro de São Paulo. Os policiais nas janelas das caminhonetes empunhavam metralhadoras, vasculhando o infinito da noite em busca de algum inimigo.

Quando se aproximaram de Moisés, olharam seu carro com curiosidade. Aparentemente, o que viam era uma Blazer que ostentava os símbolos do Garra. Com os vidros escurecidos pelas películas protetoras, os policiais militares não puderam ver quem pilotava o veículo da instituição irmã. As luzes intermitentes dos sinais luminosos tingiam o asfalto de vermelho, enquanto a sirene rasgava a escuridão da madrugada gelada. Os barulhos das sirenes se misturavam em um descompasso curiosamente simétrico.

Moisés não se deu ao trabalho de acenar. Se não bastasse a desconfortável situação de ter que dirigir uma viatura, nada no mundo o faria demonstrar gentileza aos policiais da Rota. Um a um, os carros dos policiais militares foram passando devagar, perfilados como em uma marcha de tropa disciplinada.

Viu quando a fila reluzente entrou à direita, em um acesso que terminava no começo de uma favela. As luzes vermelhas apagaram-se, junto com o incômodo som agudo das sirenes. Quando a viatura de Moisés alcançou o mesmo acesso, pôde ouvir, ao longe, as rajadas de tiros vindas do alto do morro.

Moisés seguiu em frente, sentindo-se aliviado por, naquele instante, não estar naquela favela.

Não percebeu se o cenário ao redor indicou alguma mudança ao entrar na cidade. Na verdade, não viu qualquer diferença entre esta e São Paulo. Um amontoado de casas, interrompidas por ruas solitárias.

Já conhecia Suzano e seus estreitos caminhos. Teve a orientação para evitar o plantão policial, que naquela noite estaria fechado, com seus homens trancados lá dentro.

Deveria se dirigir até o prédio da delegacia, também no centro. Policiais já estariam preparados para recebê-lo e terminar a entrega do rapaz com a máxima rapidez.

Na porta da delegacia, desligou a sinalização da viatura e apagou os faróis. Antes mesmo de descer do carro, percebeu a movimentação nas janelas escuras do prédio.

Marcas de tiros pelas paredes externas espalharam respingos de concreto na entrada. Os cacos de vidros pelo chão denunciavam que o lugar tinha sido alvo de intenso ataque. Era preciso ser breve e entrar. Se os irmãos aparecessem novamente, seria tomado como policial. Era um alvo fácil e sozinho naquele lugar.

Ninguém veio atendê-lo. Bateu palmas, chamou pelos policiais.

Foram precisos alguns minutos até que uma voz anônima gritasse do interior da delegacia, querendo saber a identidade de quem chamava.

– Sou eu. O Tatu.

– Tatu? Que Tatu?

Moisés estranhou a frieza da recepção. Será que estavam com tanto medo por causa dos ataques, ou os policiais não esperavam sua chegada?

– O Tatu do DEIC – fez-se um silêncio que lhe permitiu ouvir a respiração dos homens escondidos na delegacia. – Eu vim buscar o rapaz.

Pouco tempo depois, ele começou a ouvir ruídos. Portas, passos, sussurros indescritíveis.

Do topo da grande escada de mármore, vultos apareceram em meio à escuridão. Homens com armas em punho apontadas para a porta.

Perguntaram se Moisés estava sozinho. Avançaram devagar, abriram a fechadura e, enquanto ele entrava, sentiu-se incomodado por ser o alvo de tantas armas.

– Relaxem. Eu não estou armado.

Moisés aguardou que o revistassem, o que não aconteceu. Ficaram observando a rua, procurando a ameaça.

– O doutor disse que você viria buscá-lo.

Moisés perguntou pelo garoto. A porta foi rapidamente fechada. O passo acelerado dos policiais indicava que o lugar onde estavam não era seguro, por isso deveriam abandoná-lo.

– Como está por São Paulo, colega?

Colega? Estranhou o modo como os policiais o tratavam, como se fossem iguais. A conversa no corredor era menos tensa. Moisés cogitou da hipótese de que o DEIC não teria informado a esses policiais sua condição de ladrão. Não duvidaria da audácia. Naquela noite, nada seria impossível. A mentira seria o modo plausível encontrado pela polícia para não tornar pública a humilhação em permitir que um bandido dirigisse uma viatura do Garra, sob as ordens de um dos diretores do departamento.

Percorreram saguões vazios até chegar à sala onde o rapaz se encontrava, deitado em um banco. Moisés o chamou pelo nome.

– Seu pai me mandou vir buscá-lo.

– Eu sei, acabei de conversar com ele.

Uma breve conversa o colocou a par sobre as condições de saúde do jovem. Comeu bem, mas não tinha dormido.

– Quem trouxe ele pra cá? – Moisés perguntou aos policiais, com ar inquisitivo.

– Uns colegas. Mas já foram presos pela corregedoria. Ainda não os levamos para a cadeia da Polícia Civil por causa dos ataques. Quando tudo acalmar, faremos o bonde.

– Eles estão aqui no prédio? Posso vê-los?

O corró ficava no caminho para os fundos, perto de onde estavam. Os policiais conversaram entre si, e não viram problemas em lhe mostrar os responsáveis pela arbitrária prisão do rapaz. Pediram apenas para que fosse discreto, afinal, eram policiais que passavam por um momento difícil na carreira.

– Mas o garoto fica aqui – protestou um dos policiais. – É humilhação demais deixar que os colegas presos o vejam.

Ao se aproximarem da grade de ferro da cela, Moisés viu no lado de dentro quatro pessoas que fumavam. Apesar da pouca luz no local, reconheceu no homem barbado o mesmo policial que invadiu sua casa no ano passado, rasgou seu sofá e levou parte do dinheiro que escondia. A barriga, a respiração.

Para corroborar suas suspeitas, ao seu lado estava o outro policial, mais jovem, que pisou na sua cabeça. Quanto aos demais, não sabia se eram exatamente os outros dois homens que os acompanhavam. Mas, se estavam juntos naquela barbaridade, não se importaria em dizer que eram todos os mesmos daquele dia.

O policial gordo não reconheceu Moisés. Não se olharam diretamente, e evitaram contatos que pudessem identificá-los.

Ali, do lado de fora da grade, julgar um bandido preso pelos olhos de um policial trazia a Moisés uma sensação de extremo poder. Poderia matar todos que estavam no prédio, em especial os lixos que estavam encarcerados no corró, e sair pela porta da frente dando risada, sumir no mundo. Quem o impediria? Um bando de policiais enfraquecidos não era o bastante para interromper sua alegria.

– Tudo bem, colega? – Moisés atreveu-se a conversar com os policiais. Não houve resposta. Quis insistir nos comentários, com a vontade sincera de que pudessem identificá-lo.

"Sou eu, filhos da puta. Então vocês caíram? Queria que o Fê estivesse aqui pra rir da cara de vocês", pensou Moisés. O silêncio foi interrompido quando o policial que o trouxera ali disse que já era hora de ir embora. Havia uma sensação confusa nos olhos dos policiais presos e daqueles que os guardavam na prisão, como se sentissem pena e ódio recíproco.

– É triste ver um irmão em cana, mas esses aí abusaram. Não dou dez dias e estarão na rua de novo. Parece que um deles é amigo íntimo do secretário de segurança – comentou um dos policiais no caminho de volta para a porta. – Tá no colo do governador.

– Só se for seu irmão – respondeu Moisés. – Irmão meu não faz pilantragem. Isso aí é bandido.

– Quero dizer que ele é irmão de loja... – quando percebeu que Moisés não lhe dava ouvidos, o policial terminou a conversa e continuaram em silêncio.

Abriram a porta para liberar Moisés e o rapaz. Deram-se as mãos e desejaram boa sorte para ambos. Antes de saírem, um dos policiais perguntou a qual delegacia do DEIC ele pertencia:

– Você é da "roubo a bancos"?

Sem pestanejar, Moisés respondeu:

– Sim. Roubo a bancos. É só o que sei fazer na vida.

Amor ingrato

A fazenda de Alemão em Mato Grosso, com vista para a represa de Rio Manso, era mais tranquila do que o atual apartamento de Brasília. Quando sua irmã Geniglei lhe perguntava os motivos de a mudança de residência ter sido tão radical, dizia que, muito embora a única função do dinheiro fosse gastá-lo, era preciso tomar cuidado em não fixar moradia em um único lugar por muito tempo.

Com base nesse argumento, fez Geniglei se mudar de Fortaleza para Boa Viagem. A princípio, ela questionou a necessidade de sua saída da capital cearense. Diante da esperada recusa, Alemão precisou impor sua autoridade de varão e ordenar sua nova morada com ameaças sutis.

Ele não lhe contou que os policiais que tinham sequestrado Jussiê conheciam todo o cotidiano da sua vida, inclusive detalhes da decoração do apartamento. Sabia que, se ela soubesse desse fato, transformaria sua rotina em uma constante fuga, como hoje era a sua própria.

Não queria amedrontá-la. Em Boa Viagem, estaria sob a vigilância dos parentes próximos, os únicos que poderiam protegê-la de curiosos que se aproximassem por interesses inescrupulosos. Por isso, Alemão acreditava que tê-la longe de Fortaleza seria o mais seguro para todos. Era uma mulher jovem, e o dinheiro que ostentava a tornava bastante atraente.

Não tinha medidas para os gastos com a vaidade. Joias, perfumes e tratamentos estéticos passaram a ser sua principal preocupação. De tão ornamentada, as amigas começaram a chamá-la de "Barbie", apelido que não lhe desagradava. Pelo contrário. Tomou a boneca como um ideal de beleza, mesmo sabendo que os dotes físicos do brinquedo eram algo humanamente impossível de atingir.

Ocupava-se com as compras e os negócios do irmão. Faziam contatos quase todos os dias, em diversos números de telefones que comprava com frequência. As amigas estranhavam quando ela lhes pedia para que comprassem os celulares. Toda semana, pelo menos três números diferentes. Sempre celulares pré-pagos. Mas nunca questionaram a mania de Geniglei. E não era preciso.

Todos sabiam que ela era irmã de Alemão, um dos procurados pelo furto ao Banco Central que estava foragido da polícia. Além disso, logo após a época do crime ela desapareceu, retornando depois com dinheiro farto. Quem perguntasse demais poderia saber coisas indesejáveis.

A generosidade de Geniglei com as amigas também garantia amizades sinceras. Era comum pagar contas domésticas daquelas que se encontravam em necessidade. Para si mesma, comprava carros, motos e apartamentos. Nas poucas vezes que precisou preencher documentos que exigiam sua ocupação, declarava-se cabeleireira, com rendimentos entre 400 e 500 reais.

Sua amiga mais próxima também era sua prima. Cíntia não tinha os mesmos atrativos de Geniglei, podia-se dizer até que não era completamente feia. Desde pequenas dividiam segredos, brinquedos e peças de roupa. Enquanto a prima conquistava a atenção dos rapazes, Cíntia acostumara-se a ser o ombro amigo para confidências.

Numa noite de segunda-feira, quando dançavam no Pirata Bar de Fortaleza, Cíntia sentiu-se observada por um homem sentado a uma mesa no canto. Na certa, pensou, os olhares seriam para Geni, ao seu lado, como era de costume.

Estava errada.

Quando se deu conta, o desconhecido estava ao seu lado, convidando-a para dançar. Geniglei incentivou a ideia, pois considerava que a prima merecia ser cortejada. Foi ali que elas se separaram.

Cíntia dançou o resto da noite com o homem que se dizia chamar Nico. O sotaque carioca dava ao seu aspecto limpo um mistério que encantou a mulher. Conversaram sobre amenidades, como deveria ser. Trocaram carícias e telefone. Uma semana depois, diziam-se namorados de paixão juvenil.

Nico conheceu os pais da garota, e frequentava os churrascos de fins de semana. A família tinha orgulho de Cíntia, pois, quando finalmente conseguiu se envolver seriamente com um homem, teve a sorte de encontrar um belo exemplar. Advogado no Rio de Janeiro, já faziam planos de se mudar e morar juntos.

Durante as reuniões familiares, Nico apresentava-se tímido e monossilábico. Cíntia tentava agradá-lo, contando histórias da infância, dos avós e dos irmãos.

– Quem é Alemão? Esse eu acho que ainda não conheço.

– Acho que você nem vai ter essa chance – Cíntia respondeu. – Hoje ele mora em Brasília. Teve uns probleminhas com a justiça aqui no Ceará, e por isso vive fugindo.

Nico, curioso, perguntou sobre os tais *probleminhas*. Como advogado, interessava-lhe soluções jurídicas inusitadas, e chegou a se oferecer para ajudar o futuro parente.

Cíntia contou sobre as suspeitas que tinham a respeito da participação de Alemão no furto ao Banco Central, e que Geni poderia estar vivendo à custa do dinheiro subtraído daquele cofre. Detalhou os nomes dos conhecidos envolvidos, os que estavam presos e aqueles que foram assassinados. Com tristeza, deixou transparecer a consternação pelo sequestro do primo Jussiê, que se envolvera sem querer nos planos obscuros de Alemão. Lembrou-se das casas compradas por Geni, seus carros novos e os celulares que ela sempre comprava.

– Quando uma cabeleireira poderia ter esse patrimônio todo? Aí tem coisa errada.

Nico balançava a cabeça, desaprovando cada ato ilegal que aquelas pessoas haviam cometido.

– Eu acho que nunca vão prender o Alemão. A gente sabe que ele tá em Brasília, mas quem cuida de todo seu dinheiro é a Geni. De que adianta colocar as mãos nele, se nunca descobrirem quem movimenta as contas?

Nico disse o quanto estava feliz em saber que Cíntia era uma pessoa de bem, diferente dos outros parentes. Quando se abraçaram, a mulher perguntou se poderia fazer uma pergunta que há muito tempo a intrigava.

– Por que você anda com uma arma na cintura?

– Tem muito ladrão nesse mundo, meu amor. É preciso cuidado.

Aquela foi a última vez que se encontraram. Nico desapareceu sem dar notícias, e seu celular permaneceu desligado. Restou a Cíntia chorar o amor ingrato nos ombros de Geniglei.

Um mendigo na rua

•

Além da irmã, outra preocupação de Alemão era descobrir o paradeiro de Siri. Essa era uma dúvida que guardava para si, no silêncio absoluto de sua consciência.

Se para todos ele estava morto, Alemão tinha motivos para acreditar que o rapaz fora o responsável pela prisão dos companheiros. Eram frequentes os sonhos em que se via na cracolândia, em São Paulo, correndo de uma horda de viciados enfurecidos. Tentava fugir e alcançar os Jardins ou Higienópolis – bairros nobres e próximos, onde aqueles lixos eram proibidos de entrar. Mas nunca atingia um lugar seguro, porque as ruas eram labirintos circulares que sempre terminavam no mesmo lugar.

Deusimar, antes de ser preso, confirmou com veemência a morte de Siri. Por ser o ex-segurança a pessoa de sua confiança que se encontrava mais próxima de Fortaleza, acreditava que ele poderia descobrir evidências definitivas. A insistência dos sonhos ruins não o deixava esquecer de confabular planos de retornar a Fortaleza e flagrar Siri no gozo da vida.

Da janela do apartamento, viu, lá embaixo, na rua, sentado no meio-fio uma figura magra e sem camisa, olhando em sua direção. Alemão reparou que o homem, quando percebia a aproximação de um transeunte, estendia a mão para tentar despertar a piedade natural que recai sobre os mendigos. Mesmo de lugar tão alto, não era difícil enxergar ao lado algumas sacolas, roupas e restos de comida.

Na segunda noite, o incômodo daquela miserável figura retornou.

Os olhos saltados do mendigo brilhavam ao refletir as luzes dos faróis dos carros que passavam na rua. Deitado de lado sobre uma espuma apodrecida, apoiava o peso da cabeça com as mãos. Logo a sua frente, um pequeno rádio amarelo com uma longa antena prateada. Mexia no aparelho com delicadeza, como se tentasse sintonizar uma frequência instável.

Com o descompromisso de quem toma banho de sol em alguma praia ensolarada, o pequeno homem desafiava Alemão com sua incessante vigilância. Às vezes descansava os ossos no amontoado de sacolas, buscando uma posição mais confortável para continuar a encará-lo.

Quando Alemão achava que o homem finalmente tinha fechado os olhos para dormir, bastavam alguns instantes concentrado em sua fisionomia para ter certeza de que continuava a olhar.

Desceu para a garagem do prédio e entrou no carro. Logo que passou pelo portão de saída, manobrou o veículo para que a curva fosse feita mais aberta do que o normal, aproximando-se o máximo possível do mendigo deitado na calçada do outro lado da rua. Confiava que os vidros escuros o protegeriam daqueles olhares.

Pôde ouvir os ruídos da música sintonizada no pequeno rádio de pilha. Quando julgou estar perto o suficiente, parou o carro. Apesar de os salientes ossos da face destacarem seus olhos profundos, não conseguiu identificar o homem por causa das janelas do veículo.

Abaixou os vidros elétricos da porta do carona e, então, teve certeza do que procurava: o homem não era o Siri. Apenas outro mendigo bêbado que procurava descansar.

– Me dá um real?

Mais tranquilo, mandou que fosse trabalhar, ao invés de esperar a misericórdia da humanidade. O homem nunca mais voltou àquele lugar, e as noites de Alemão se acalmaram.

Até que recebeu a ligação:

– Alemão. Aqui é o delegado Santana. Estamos prontos para prender a Geni se você não se entregar.

Não fosse a referência direta ao nome de Geniglei, Alemão teria desligado o telefone sem dizer *alô*. A plausibilidade da prisão de sua irmã fazia-se tão concreta, que acreditou nas palavras daquela pessoa que se dizia delegado.

– Estamos em Boa Viagem, em frente à casa dela.

Alemão apagou as luzes da sala e fechou a cortina. Por uma fresta, pôde ver a rua vazia. Manteve-se em silêncio, na esperança de ouvir uma possível palavra que denunciasse a mentira.

– Nós não queremos ela, Alemão. Queremos você. Mas, se não se entregar na boa, sua irmã vai pegar no mínimo uns 100 anos de cadeia, de tanta droga que vamos plantar no flagrante dela.

Não seria difícil prendê-la em uma prisão forjada.

Apesar de nunca ter tido passagem na polícia, o fato de ser irmã do maior ladrão de bancos do mundo faria a caneta do juiz pesar na hora da sentença. Imaginou que os policiais deveriam estar no encalço de Geniglei há muito tempo, sem conseguir provas que a ligassem ao furto.

Por isso, se não conseguissem responsabilizá-la pela participação nesse crime, ficariam satisfeitos em prendê-la por outro tão grave quanto, mesmo que fosse inocente.

– Se eu desligar esse telefone sem uma resposta sua, a Geni será presa hoje.

– Vai ter acerto?

– Só queremos você. Nada mais do que isso. Já temos tudo o que precisamos. Sabe que mais cedo ou mais tarde vamos te encontrar para cumprir sua preventiva. Podemos levar a Geni agora mesmo em seu lugar, e fazê-la falar tudo o que queremos. Mas não precisamos disso, não é? – Alemão não considerou que a pergunta merecesse uma resposta. Por isso o delegado reiterou: – Não é, Alemão?

– Vamos conversar. Olha, eu quero uma garantia de que isso que estamos tratando é uma conversa séria, de homem para homem. Sem pilantragem.

– Não posso te oferecer muito além do que já concedi, Alemão. Ou você, ou ela.

Alemão é preso

Alemão nunca tinha recebido da polícia uma proposta que não envolvesse dinheiro. Veio à mente a cena de sua prisão, e lembrou-se de que quase todos os companheiros que participaram do furto estavam mortos ou presos.

E aqueles que apenas receberam o dinheiro, sequer foram incomodados. Os valores foram pulverizados em tantas contas bancárias, tantos bens comprados em nome de outras pessoas... Não haveria cadeia para tanto ladrão.

Da próxima vez, não colocará a mão na terra para cavar o buraco. Investirá no trabalho de gente nova, para só depois receber sua merecida parte.

– Não quero ser algemado.

O policial concordou com a condição.

Naquela mesma noite, policiais federais foram até seu prédio para cumprir o acordo. No interrogatório, Alemão disse que tinha nascido na fazenda de Poço Grande, em Boa Viagem, no Estado do Ceará, no dia 8 de fevereiro de 1967, e aos cinco anos fixou residência em Diadema, São Paulo.

Que trabalhou como segurança, e depois como camelô, em São Paulo, até 1996.

Que nesse mesmo ano foi preso na Bahia acusado de dois assaltos a banco. Lembrou da condenação de seis anos e oito meses na justiça cearense, acusado da prática de um assalto ao Banco Meridional e, ainda, da acusação de um assalto à Transportadora Confederal, em Brasília.

Sobre o furto ao Banco Central, disse aos policiais que tinha sido convidado por Fernando, o Fê, para participar do crime, a mesma pessoa que posteriormente soube pela imprensa tinha sido encontrada morta em um sítio no Estado de Minas Gerais. Na ocasião do convite, Fernando disse que era amigo de um funcionário do banco que se chamava Deusimar, e que ele poderia ajudá-los com informações sobre a localização da caixa-forte.

Lembrou ao delegado que já tinha sido absolvido por acusações de assalto à Transportadora Transbank em São Paulo, esclarecendo que sequer foi indiciado pelo assalto à empresa de segurança Corps, sua antiga empregadora, por isso, as informações que a imprensa divulgava a esse respeito eram mentirosas.

De todas as acusações que tinha contra si, confirmou apenas sua participação no roubo ao banco Meridional e o furto ao Banco Central.

Fez um breve relato de sua vida pessoal, e não conseguiu explicar os motivos que o fizeram entrar para a vida do crime; que nunca foi viciado em drogas; que não participou de outras modalidades de crime, nem se considera propenso a assaltos.

Admitiu que conhecia várias pessoas que participaram do crime, mas preferiu, por questão de segurança pessoal, falar apenas a respeito de si. Negou que houvesse uma mulher servindo como falsa secretária da empresa de grama sintética.

Fez questão de que constasse que estava cansado de permanecer em fuga, e que nunca sofreu qualquer tipo de extorsão de qualquer tipo de polícia. Logo após o furto ao Banco Central, resolveu se desligar completamente da vida do crime, e não manteve contato com nenhum integrante do grupo que realizou tal furto.

Garantiu que nunca teve, nem nunca terá, qualquer envolvimento com o chamado PCC, até porque sequer sabia se ele existia realmente.

Antes de o delegado perguntar a Alemão se tinha algo mais a dizer, mostrou o testemunho de Deusimar, que o indicava como o líder da quadrilha, junto com Moisés e Véio. Alemão não quis modificar o que tinha dito. Apesar de preso, estava tranquilo, porque tinha certeza de que a irmã estaria bem.

Um mês depois, a Polícia Federal cumpriu o mandado de prisão contra Geniglei. Ela negou que tivesse participado do furto ao Banco Central. Mas não conseguiu explicar como suas impressões digitais foram parar no relógio de parede encontrado na casa onde o túnel teve início.

Se Lisboa proporcionava a paz do anonimato, São Paulo lhe trazia o reconhecimento pelos anos de trabalho duro e dedicação. Quatro anos tinham se passado desde o furto ao Banco Central de Fortaleza e, desde então, dos amigos presos e mortos, Moisés era um dos únicos que restavam do lado de fora das grades e dos cemitérios.

Os ataques do Partido tinham abalado substancialmente a contabilidade do caixa da instituição. Se o dinheiro conseguido no furto ao Banco Central foi o causador da ganância que originou a onda de sequestros contra os irmãos, ele também patrocinou a munição que impôs aquele terror.

Havia, sim, outros colaboradores, mas estes foram mortos pelos policiais durante o estado de exceção daqueles cinco dias. A maioria dos irmãos que partiram sequer sabia do *salve* dado pelos Torres. Quando perceberam, policiais batiam à sua porta com um mandado para matar aqueles que tinham optado em ser traficantes, viciados, ladrões... Pessoas que rendiam pouco e de forma eventual, mas nunca tardavam em ajudar a causa.

Na impossibilidade de contar com tais recursos, foi necessário arrecadar mais capital para que os negócios continuassem a prosperar.

Logo, as bocas de fumo mostraram-se mais ágeis na recuperação do espaço perdido no mercado. Muito embora o roubo de veículos e de carga fossem mais rentáveis (incluem-se nessa categoria o roubo a carro-forte, que apesar de, tecnicamente, ser um roubo de carga, apresentava a mesma dificuldade de um roubo a banco), seria necessário o surgimento de novos ladrões com competência para manter a estrutura do sistema.

A polícia tinha, enfim, diminuído a perturbação. Durante muito tempo após os ataques, nenhum dos irmãos foi sequestrado. O impacto daqueles dias parecia ter dado o resultado desejado.

Houve até um breve instante em que os minguados carregamentos de drogas que vinham de outros países da América Latina não eram mais interceptados, ou, quando eram, os delegados apenas faziam o flagrante, e não demonstravam interesse no acerto.

Enquanto isso, o Partido não poderia aguardar a providência divina.

Gordo cogitou de si mesmo como uma saída para restabelecer a normalidade. Tinha se mudado para Porto Alegre e, sempre que podia, mostrava-se disposto a ajudar.

A ideia era fazer um túnel sob a Caixa Econômica Federal daquela cidade, com o mesmo objetivo de sempre. A rentabilidade do resultado não seria tão grandiosa como a de Fortaleza, mas, pelo menos, seria muito superior ao que São Paulo estava arrecadando em seis meses.

Moisés considerou a possibilidade com precaução. Em outros momentos sem crises, tardaria a aceitar que Gordo capitaneasse um evento sozinho. Suas novas responsabilidades o impediam de deixar São Paulo para acompanhar pessoalmente o andamento do projeto. Nem mesmo poderia contar com Alemão, que se mostrava distante do Partido.

– Confie em mim, Tatu. É tudo igual a Fortaleza.

Não havia dúvidas das semelhanças entre as duas situações. Ambas as cidades não conheciam o potencial logístico do Partido, e estavam despreparadas para combater uma organização tão bem estruturada.

Gordo conheceu pessoas que trabalhavam na Caixa Econômica, e traçou no papel todas as etapas do novo furto. Foi até mais diligencioso que o próprio Véio, já que pretendia levar o numerário a ser furtado para o Paraguai, ao invés de arriscar trafegar até São Paulo com carros carregados de dinheiro, como tinha sido feito da última vez.

Moisés o contradisse, alegando que não dispunham do mesmo investimento de antes. Para ter o aval definitivo, Gordo, então, colocou no orçamento dinheiro do próprio bolso.

Apesar de ser arriscado, era o modo encontrado por ele para assegurar o sucesso da empreitada. Sabia que precisava de um ato de coragem para afastar de si o estigma de colaborador coadjuvante.

Contratou o pessoal, comprou o equipamento e um prédio abandonado próximo ao banco, onde começariam as escavações. Moisés acompanhava as obras a distância, mas, aos poucos, notou que Gordo estava seguro nas suas funções.

Naquela tarde, enquanto Moisés aguardava o preparo do prato de seu almoço na Padaria Rosa do Paraíso, viu no jornal da TV os policiais federais apontando armas contra homens deitados no chão, todos algemados com as mãos para trás e com a cabeça coberta por sacos.

O jornalista dizia que os presos tinham escavado um túnel em direção ao prédio da Caixa Econômica Federal de Porto Alegre, e com isso pretendiam alcançar seu cofre.

A Polícia Federal desmantelou nessa sexta-feira uma quadrilha que iria furtar a Caixa Federal de Porto Alegre. Dentre os homens presos, Jean Galian, conhecido como "Gordo", é acusado de ter participado das escavações do furto ao Banco Central de Fortaleza no ano de 2005.

A foto do Gordo surgiu na tela, ilustrando as palavras do repórter.

Os policiais monitoraram as ações do grupo através de um cartão de telefone celular encontrado na casa usada como base para as escavações em Fortaleza.

Um delegado apareceu, explicando que o tal chip que os ajudou nas investigações estava danificado, mas teve seus dados recuperados com a ajuda da alta tecnologia que a instituição dispunha.

Moisés duvidou da competência técnica da polícia. Para ele, aquilo tinha sido o trabalho de delação de algum irmão insatisfeito.

De qualquer forma, era preciso comer o horrível pedaço de contrafilé que tinha acabado de chegar a sua mesa.

Um contrafilé bem passado

Moisés já não fazia esforço para se esconder em São Paulo. Seu prédio, na Vila Mariana, ficava ao lado de um distrito policial, e não duvidava que, se quisesse, a polícia paulista poderia prendê-lo quando bem desejasse. Mas os ataques tinham mostrado aos policiais que deveria haver um respeito recíproco entre o sistema e as forças públicas. Depois disso, ele nunca mais foi incomodado ou precisou pagar por sua liberdade. Sua rotina tinha a disciplina exigida de um preso admirável.

Comia como quem dorme. Se estivesse com sono, deitava e dormia. Se estivesse com fome, sentava e comia. A padaria tornara-se o segundo lugar mais frequentado por ele. Saía pouco de casa, e sempre para lugares próximos, onde poderia ir a pé. Para ele, não era medo. Menos do que isso. Uma cautela redobrada contra perigos que acreditava ainda estarem por aí. As cortinas do apartamento mantinham-se fechadas durante todo o tempo. Assim, quem estivesse na rua nunca saberia se havia pessoas dentro do imóvel.

As dificuldades estavam nas pequenas coisas diárias, como para pedir informações ou um café no bar. Pensou em contratar uma empregada doméstica que preparasse tudo o que fosse necessário, do café ao jantar. Mas desistiu, quando se deu conta de que nenhuma mulher era confiável naquela cidade.

Repetia várias vezes o mesmo pensamento, as diversas maneiras que se comportaria na polícia quando fosse preso. Escolhia e repetia para si mesmo as palavras adequadas, o nome dos advogados, a roupa certa. Revia as cenas do furto minuto a minuto, excluindo as que não seriam ditas.

Com a prisão do Gordo, Moisés passou a ter um pressentimento estranho, tão diferente que às vezes não acreditava que aquilo partisse de sua cabeça. Com pesar, percebeu que o Partido tinha se distanciado. Não conseguia identificar os motivos que o tornaram menos requisitado dentro da organização. O fato é que, aos poucos, se sentiu sozinho nas ideias, e isolado nas pretensões do grupo. Apesar do passado de grandes feitos, não compartilhava mais das principais decisões da firma.

Para ele, seu afastamento involuntário das atividades ocorreu devido ao insucesso do túnel que estava sendo escavado em Porto Alegre. Ninguém o havia responsabilizado diretamente sobre aquilo, mas sentiu que, após a prisão do Gordo, suas palavras não tiveram o mesmo valor dentro da organização.

Aguardava ansioso por uma nova ligação, que reverenciaria sua competência e a dedicação de tantos anos ao Partido. Um erro apenas não poderia ser motivo para que se esquecessem de suas glórias, e o fato de ele ter ajudado pessoalmente as grandes lideranças.

Ele ainda era o mesmo Moisés, capaz de enganar qualquer sistema de segurança e tomar o dinheiro de quem quisesse.

Aos poucos deixou de receber telefonemas dos Torres, e as informações sobre o grupo começaram a minguar, até desaparecerem de uma vez por todas. Às vezes descobria que um ou outro conhecido tinha sido preso. Mas foram tantas as pessoas envolvidas, que alguns dos nomes que lhe chegavam aos ouvidos nunca tinha ouvido falar. Recordava-se vagamente de França... Pedrinho... Leonel... Neném... só o Cebola, quando caiu, não lhe era completamente estranho.

Tudo o que sabia vinha da imprensa. Sentiu-se eufórico quando viu no jornal a notícia do túnel escavado sob o presídio de Itaitinga, onde estavam presos Véio, França, Edimar e Deusimar. Apesar de os trabalhos terem sido frustrados e a fuga interrompida, o simples fato de saber que a chance de reencontrar os amigos ainda subsistia lhe trouxe um novo fôlego de alegria. Eram essas as pessoas de que precisava na rua para se sentir de volta ao trabalho.

Começou a traçar novos planos para outros bancos, tendo como referência os erros que tinham cometido nos furtos anteriores. Quando todos saíssem, tudo voltaria ao normal, e os levaria para Lisboa, para furtarem o Banco de Portugal. Já tinha os mapas da região, e conseguiu toda a rotina do estabelecimento com observações feitas na época em que morou lá perto.

Juntos, poderiam burlar os sistemas de segurança da Europa toda, e levar o dobro do que conseguiram em Fortaleza, dessa vez em euros.

Por enquanto, frequentava aquela padaria todos os dias. O garçom já conhecia seus gostos, e antecipava seus pedidos. A maioria das vezes ele acertava, mas Moisés, mesmo quando contrariado, não recusava a sugestão. Evitava ter que falar, principalmente explicar coisas banais, como o não gostar de determinado prato.

– A comida está boa?

Não estava. Moisés só tinha comido um feijão de caldo tão ralo e com sabor de alumínio na cadeia. O arroz empapado só era pior que a carne, vendida aos clientes como contrafilé, mas de sabor indefinível quando estava na boca.

– O bife está duro e sem gosto.

O garçom estranhou a resposta do cliente, que normalmente era lacônico. Quase não reagiu ao seu descontentamento, porque estava acostumado com seu silêncio condescendente.

– O senhor me desculpe. O cozinheiro é novo. Como prefere a carne?

Moisés olhou para a cozinha e viu o cozinheiro parado, olhando na sua direção. Quando perceberam que se encaravam, ambos voltaram aos seus afazeres. Ele não respondeu à pergunta do garçom, e continuou sua refeição. Aguardava o momento certo em que poderia voltar a comer nas boas churrascarias da cidade. Lá sim, a carne viria no ponto desejado. Enquanto isso, seria obrigado a comer em espeluncas como aquela, onde o bife tem o mesmo gosto do peixe ou do ovo frito.

A única pessoa com quem tinha breves diálogos, contra sua vontade, era o porteiro do seu prédio. O negro forte, sempre de bom humor, tinha o sorriso largo para lhe dizer bom-dia. Por algum motivo achou que, assim como ele, Moisés também torcia pelo Corinthians com a mesma paixão.

Enquanto Moisés aguardava o elevador chegar ao térreo, o porteiro comentava o desempenho da equipe, a qualidade individual de alguns jogadores, citando nomes e o currículo de cada um.

– O menino joga bem né, seu Carlos?

Não era sempre que Moisés se lembrava de imediato do seu nome falso. E nunca sabia ao que o porteiro estava se referindo quando comentava o futebol. Discursava com tanta propriedade no assunto, que chegava a fazer da matéria algo com alguma significância.

– Perdemos de bobeira, seu Carlos. O time amarelou no segundo tempo.

Moisés respondia com grunhidos simpáticos, como aqueles que se lançam no momento em que as mulheres começam a discorrer sobre filosofia barata de relacionamento.

O elevador demorava uma eternidade para chegar. Tentava desviar o olhar para que o porteiro entendesse que aquele assunto o incomodava. A quem interessava uma vitória ou derrota dentro do estádio, se não àqueles que iriam receber dinheiro pelo resultado do jogo?

– Eu gostava de futebol quando tinha oito anos, como gostava de gibis ou desenhos animados. Depois cresci, e isso passou a ser tão importante na minha vida quanto é saber o preço do quilo da sardinha.

O porteiro apagou o sorriso imediatamente. Moisés nunca mais ouviu uma palavra desnecessária daquele homem que ultrapassasse o profissionalismo, conforme era seu desejo.

Certa noite, enquanto jogava videogame, o interfone do apartamento tocou.

O porteiro, com frieza na voz, pediu a Moisés que descesse na garagem do prédio, porque um morador havia batido em seu carro. Depois de agradecer, trocou de roupa e entrou no elevador. Era necessário verificar o ocorrido, pois, se a pessoa que provocara o acidente resolvesse elaborar um boletim de ocorrência sem seu conhecimento, isso seria, no mínimo, arriscado.

Pensou em como um motorista razoável poderia ter se chocado com seu carro, já que as vagas eram grandes e de fácil movimentação. Em especial a sua, protegida por duas colunas de concreto que impediam a aproximação de outros veículos.

Conhecia muitas pessoas que tinham comprado a carteira de habilitação na cidade de São Paulo, e lembrou-se de como o Detran era uma ótima fonte de renda para alguns policiais civis.

– Tão bom quanto roubo a banco.

De longe, seu carro estava na vaga, com um veículo escuro logo atrás, parado de forma irregular.

Ninguém por perto.

Imaginou que o responsável pelo dano estaria conversando com o porteiro, dando risada dos estragos, ou se divertindo com o resultado do jogo de domingo.

Quando se aproximou, notou que os carros se tocavam, mas nenhum deles tinha sinal de batida. A cena parecia uma manobra malfeita, e não um acidente que merecesse reparação.

Enquanto ainda estava agachado observando os veículos, seis homens armados saíram de trás dos carros vizinhos e lhe deram voz de prisão:

– Parado! Polícia! Mão na cabeça!

Moisés chegou a rir de sua inocência, e do grande teatro montado pela Polícia Federal para prendê-lo. Não precisavam envolver o porteiro. Bastava sentar com ele à mesa da padaria em algumas das refeições e avisá-lo que estava preso. O resultado teria sido o mesmo que tiveram agora.

Um dos policiais que lhe colocou a algema encarou seus olhos, e lhe perguntou alguns dados pessoais. O homem da lei não esperava que o criminoso fosse confirmar sua identidade com tanta facilidade, como agora fazia.

Nesse momento, Moisés o reconheceu. Era o cozinheiro novato da padaria que insistia em fazer bifes malpassados e sem gosto.

Subiram ao apartamento e ficaram surpresos com a normalidade da vida do ladrão. Apenas alguns relógios de ouro, quase nenhuma joia e móveis simples.

Quando lhe perguntaram sobre o dinheiro, Moisés disse que tudo havia sido gasto com pagamentos para a polícia.

– Vocês demoraram. Achei que não vinham mais me buscar.

Uma onça

Na Avenida Santos Dumont, a garota que vendia caju não estava satisfeita com a féria do dia. Em Fortaleza, quem fazia a riqueza do comércio eram os turistas, por isso pensou em abandonar as castanhas e mudar de ramo. Os amigos da escola conseguiam um bom dinheiro trabalhando na orla da Praia do Futuro, vendendo chinelos ou picolés.

Por ser pesado demais para seu pouco tamanho, não tinha forças para carregar a bacia cheia de seu produto pela areia da praia, como os outros faziam. Seu ponto já tinha sido melhor, quando era o caminho preferido dos motoristas para chegar à praia.

Depois das obras no bairro do Papicu, surgiram mais ruas, e agora os semáforos da avenida principal da cidade eram rejeitados pelos carros. Os vendedores ambulantes perderam mercado.

Quando se preparava para ir embora, um homem magro e careca, com os olhos saltados, apareceu a pé. As roupas novas pareciam ter sido compradas sem nenhum critério de gosto, apenas por serem caras. Perguntou o valor da castanha de caju.

– Dois reais o saquinho.

Ele estendeu os braços para apanhá-los diretamente no tabuleiro, deixando à mostra as cicatrizes de perfurações agudas que acompanhavam a linha de suas veias. Os dedos finos tinham as pontas enegrecidas, e não se podia diferenciar o que eram unhas e o que era a pele.

Quando sorria, as gengivas vermelhas escondiam os poucos dentes que ainda tinha na boca. A garota pensou na dificuldade que aquele homem teria para mastigar a dureza do caju.

Teve dificuldade para desatar o nó da embalagem, por isso foi ajudado pela vendedora.

Derramou um punhado de castanhas nas mãos e levou à boca.

A vendedora podia ouvir, uma a uma, as unidades de caju sendo rompidas pelos dentes. A face de ossos marcados tinha uma bochecha tão fina, que era possível ver os cajus amontoarem-se no canto da boca, aguardando para serem movimentados pela língua. O homem parecia ter aprovado o sabor.

– São dois reais, moço.

Ao ouvir a cobrança, o homem se desculpou. Levantou a camiseta para pegar a carteira que trazia entre a cintura e a bermuda, sacou uma nota de cinquenta reais e entregou para a menina.

O cheiro forte da cédula fez a vendedora duvidar de sua autenticidade. Havia também uma cor apodrecida no papel que não lhe era comum. Com receio de que o homem pudesse se ofender com suas incertezas, alisou discretamente a nota. Sua mãe havia lhe ensinado a reconhecer dinheiro falso. Mas não era aquele caso. A estampa de onça no dinheiro era legítima.

– Eu não tenho troco para cinquenta reais.

– Pode ficar com tudo.

Quem diz a verdade?

A Polícia Federal brasileira criou uma operação especial para tratar do furto ao Banco Central, chamada "Operação Toupeira". Ao final, os principais acusados foram julgados nos autos do processo 2005.81.00.014586-0, que tramitou pela 11ª Vara da Justiça Federal de Fortaleza.* Outros processos surgiram, na medida em que seus personagens foram sendo capturados, ou soltos, durante os anos que se seguiram ao crime.

Até 2008, 122 pessoas tinham sido presas, além de outras 120 denunciadas. Destas, 18 foram condenadas, e 3 absolvidas. A maioria se envolveu no crime para ajudar a dispersar os valores, usando seus nomes para a compra de investimentos com o dinheiro furtado.

Os protagonistas nunca negaram a participação na escavação do túnel; todavia, nenhum assumiu a liderança da equipe. Neste ponto, acusaram-se mutuamente sobre quem detinha o poder de gestão da obra.

Dois acusados não tiveram a sorte de ser julgados porque morreram antes da sentença, em circunstâncias que envolviam sequestros por policiais civis ou militares. Esse aspecto, aliás, foi acentuado em diversos momentos da oitiva dos condenados. Quase todos disseram que o lucro que conseguiram com o furto foi usado para o pagamento de policiais como preço de suas liberdades.

Apesar do meritoso trabalho dos órgãos de segurança pública e judiciário, pouco mais de 35% dos R$ 170.000.000,00 foram recuperados. As notas de 50 reais eram antigas, e uma vez retornadas ao mercado, tornou-se impossível identificá-las. Foram perdidas em contas bancárias, transformaram-se em outros bens ou escondidas em novos buracos desconhe-

---

* Disponível para consulta em http://www.jfce.jus.br

cidos. Parte dos fatos, portanto, não chegou ao conhecimento dos juízes.

Mesmo assim, a história incompleta foi julgada. Os espaços vazios deixados pela investigação são preenchidos pelo imaginário popular, que faz das pessoas envolvidas personagens que não correspondem ao que são na realidade. A grandiosidade do evento criou novas personalidades, distintas dos seus verdadeiros executores.

O enredo da trama começou a ser desenhado durante o inquérito policial, e foi complementado pelas impressões do juiz quando proferiu as sentenças. Tudo, evidentemente, baseado em regras lógicas amparadas em documentos, testemunhos, provas... Elementos indiretos que ajudaram a justiça a construir a versão mais próxima possível dos fatos verdadeiros.

Como o processo judicial é um retrato desfocado da realidade, cabe à literatura tornar seus contornos mais nítidos. Enquanto o juiz condena com base em sua livre convicção, o escritor busca os indícios de realidade em impressões sustentadas na liberdade poética que, apesar de porosa e indiferente aos fatos, traz ao leitor os sentimentos que foram deixados de lado no protocolo do cartório.

A literatura precisa de um ponto final para encerrar uma história, ao contrário da vida, cuja consequência dos atos não tem fim e se perpetuam com as lembranças.

Na falta de um desfecho melhor, Moisés foi condenado a 15 anos de prisão. De seus companheiros, coube ao Véio 17 anos de prisão; ao Gordo, 49 anos; Deusimar, 25 anos; Edimar, 20 anos; França, 19 anos; Marleúdo, 25 anos; e José Charles, a 18 anos. Tiganá foi absolvido por absoluta falta de provas de sua participação no crime. Elizomarte também se viu isento de pena, porque não foi possível provar que ele sabia da origem ilícita do dinheiro usado para comprar os carros em sua loja.

Para Alemão, restou-lhe a pena de 36 anos. Sua irmã, Genilglei, foi condenada a 160 anos de prisão – a pena do crime de lavagem de dinheiro é maior do que a do furto.

O que se seguiu é apenas uma das partes da história, que também não deixa de ter a aparência do todo, porque foi retirada da conclusão atestada nos autos pelo Estado como a única existente, portanto, inquestionável.

Para azar da parte vencida, o que fica é o que está escrito.

Toupeira